소년 파르티잔 행동 지침

소년 파르티잔 행동 지침

서효인 시집

민음의 시 166

민음사

自序

안녕?
그럴듯한 세계에서
하필 이런 식이라니
나의 천사들에게 이토록 미안한 마음을
자랑하고 싶다.
이리로 와, 같이 침이나 뱉자.
팡, 팡 터져 나갈 우리의.

2010년 5월
서효인

차례

自序

1 분노의 시절

킬링 타임　　13
장난치기 좋은 날　　14
저녁의 전화벨　　16
광기의 재개발　　18
거리의 싸움꾼 — 분노 조절법 초급반　　20
분노의 시절 — 분노 조절법 중급반　　22
밀레니엄 송가 — 분노 조절법 고급반　　24
하이라이트입니다　　26
해로운 자세　　28
고래를 잡는 아이를 위한 안내서　　30
커피를 뽑는 사이　　32

2 잭슨빌의 사람들

알파벳 공갈단　　35
슬램, 성장기　　36
소년 파르티잔 행동 지침　　38
폭소　　40
잠자는 감자　　42
속성　　44
박치　　45
잭슨빌의 사람들　　46
애프터서비스　　47
마지막 이야기는 눈을 뜨고　　48
착하고 즐거운 코스　　50
지켜보고 있다　　52
이미 망한 가게　　54
슈퍼 마氏　　56

3 단 하나의 사람

FC 게토의 이삼류 골키퍼　　61
한없이 시끄러운 쟁반　　62
그리고 다시 아침　　64
비닐하우스　　66
녹색어머니회에서 알림　　68
일어서, 건담　　70
블랑코의 잃어버린 코를 찾아서　　72
카누를 밀며　　74
녹격자　　76
냄새나는 사람　　78
걱정하는 사람　　80
내려가는 사람　　82
단 하나의 사람　　84

4 마스크

갑각류의 말　　89
내가 바로 배호라니까　　90
부지런한 생물　　92
웃어 봐, 프레이저　　94
CITY100 다이어리　　96
이렇게 그렇게 혀　　98
처음부터 나가요 밴드는 아니었지만　　100
메리메리 바나나 이산기(離散記)　　102
마스크 1　　104
마스크 2　　106
마스크 3　　108
수전노 솔레니오　　110

작품 해설 / 조강석
악동 라이브 시인의 그래피티　　111

/ 분노의 시절

킬링 타임

  한때 이곳은 인류의 평화를 기원하던 육교였네 성화 봉송 주자가 내 발밑으로 지나가던 날이었지 올림픽 심벌은 닷 냥의 쩐(錢)이 겹친 그곳을 둥글고 깊게 핥아 주는 음란의 현장일지도 몰라 동원된 언니 오빠들, 아테네의 노예가 되어 꽃을 흔들 때, 할할대는 노예의 겨드랑이 사이로 나는 보았네 시간을 죽이는 성화의 불꽃이 활활, 그리고 지금 다시 육교 위

  인류의 평화는 여전히 할할, 타오르고 쌍팔년 담배는 절찐되고 육교에는 아직도 성화가 활활, 시간을 죽이네 한나절을 엎드려 육교를 지키는 마라톤 병사, 두 손 모아 이황류(類)의 지폐를 봉송하는 병사의 겨드랑이 사이로 나는 보았네 가난을 관음하는 음란의 시간들, 현정화의 스매시보다 김재엽의 업어치기보다 빠르게, 죽은 시간들이 오륜을 그리며 어린이처럼 앞으로, 앞으로 전진, 전진.

장난치기 좋은 날

 오늘은 환경 정리 하는 날입니다 우리는 결손을 감추려는 따분한 수신호에 따라 완벽하게 정리 정돈 됩니다 출석부가 됩니다 교재 교구가 됩니다 전과가 됩니다 찰흙이 됩니다 키에 따른 번호처럼 완벽하게 감추어집니다 그림자가 운동장을 모두 집어삼킬 지경까지 닦았던 유리창은 지워지지 않는 지문이 되어 깔깔깔,

 손바닥이 대걸레가 되는 오늘, 작성된 시나리오에 따라 오른손을 귀 옆에 붙여 들고 발표를 하는 친구 옆에서 깔깔깔, 공부 잘하는 친구 뒤에서 깔깔깔, 온종일 네발짐승처럼 궁둥이를 들고 빛나게 닦은 복도, 장학사가 무심히 지나갈 복도, 우리의 타액이 깔깔깔, 부서지는 아밀라아제, 젖은 운동장을 그득 채운 물풍선이 깔깔깔, 던져 맞추기에 알맞은 둥그런 표적, 장학사의 완강하고 깔끔한 뒤통수가 깔깔깔깔깔,

 범인은 이 안에 있다 눈을 감고 손을 들어라

 감추었던 결손을 탐색하는 선생의 목소리, 우리는 실눈

뜨고 세상을 봅니다 가느다란 세상이 터진 풍선처럼 일그러집니다 선생이 기마자세와 앞으로나란히를 시키지만 줄은 자꾸만 느려지고 휘어집니다 세상이 나란하지가 않았어요 닦아도, 닦아도 결국 더러워요 남은 지문들이 유리창에 붙어 깔깔깔, 터졌습니다 오늘은 환경 정리 하는 날, 장난치기 좋은 날이거든요

저녁의 전화벨

숙제는 짜부라뜨리고, 학원은 팽개치고 기다리네 엄마를
이대로 아무도 오지 않을 것만 같아 놓을 수 없네 리모컨을
또각또각 끊어지는 분필 같은 발소리, 안 들리네

그녀는 광부, 영혼을 잠식하는 불안을 찾는 노련한 일꾼 밑줄을 긋는 곡괭이를 들고 영업의 혀보다 빠르게 불안의 갱도를 파 내려간다 생명과 화재 더미에 걸터앉아 도시락을 깐다 검은 쌀을 씹는 소리 험하게 지축을 흔들 때 굳은살에 곡괭이를 붙인다 검은 갱도 끝 불안의 진원을 향해 구두에 눌러 담은 종아리를 옮긴다 가슴 깊이 매장되어 있던 최악의 설정이 빚어내는 분진(粉塵)들은 암석층 깊이 매장된 불안의 흔적, 찾았다 고객의 불안 요소, 그녀는 마그마가 움트는 불안의 끝으로 고객님의 상상력을 이끌어 내는 경력직 광부, 약관이 있다면 그녀를 믿어도 좋다 환급과 노후와 보장만이 불안한 영혼을 구원할 열매, 그렇다면 들리는가 불안과 분진을 가슴에 담아 진폐증 걸린 여자들이 내는 기침 소리 콜록 지금 바로 전화하세요 콜록 콜록 콜 콜

엄마는 오지 않고 번개처럼
전화벨이 울리는
저녁이었네

광기의 재개발

백 원만 하던 너, 아직도 여기 있구나
모교 앞, 문방구는 이름이 바뀌고
주인 여자도 졸업식마냥 늙었는데
오래된 오락기 위에 먼지가 되어 앉았구나
백 원만 하던 너, 아직도 웃는구나
장마처럼 침을 흘리며 먼지처럼 닦이지 않으며
너를 보는 모교 앞

백 원만 하는 너
몰라보는구나 나를
국민 체조와 국기에 대한 맹세를 콧물과 함께 흘리던 교문에서
미친년이라고 아무리 놀려도 백 원만 백 원만 했다 넌
기억나니 넌, 고학년 오빠들이 아랫도리에 손을 찌르며
오락하듯 백 원을 넣고 흔들 때도 장마처럼 침을 흘렸다 넌

백 원만 하던 너, 아직도 여기에
몇 떼의 구름이 지나가도록 섰구나
촌지처럼 교실은 시끄러운데

아직도 웃는구나 동전은 소리 내며 웃는데
너는 소리도 없이 진짜로 누가 미쳤느냐고
백 원만 백 원만 하며 묻고 있구나

거리의 싸움꾼
― 분노 조절법 초급반

진짜 거리를 알고 싶냐? 좀 노는 동네 형이 하는 소리를 알아먹지 못했다 주머니 속에서 작은 손이 동전을 매만졌다 일용할 양식처럼 순하고 고운 마지막 코인

사방이 어두워 즐거운 오락실, 우리의 만남은 시작되었다 그곳의 소년들은 팔 할이 고수, 성장기 고수들이 레버를 돌린다 二人의 Street Fighter가 펼치는 세계적 여로에서 우린 자주 함께 만나며 즐거운 시간을 보내며 같이 어울리며 거리의 장풍을 쓸어 담았다 진탕 싸우는 분탕질에 음탕하게 동전이 짤랑거렸다 중국집에서 춘리를, 이태원에서 브랑카를, 용산 기지에서 가일을 만났다 그때마다 동전이 따라오다 사라졌다 개개의 거리가 갈갈 웃었다 푸른 장풍을 피하는 방법은 높이 뛰는 거다 어깨로 받는 거다 나는 장풍을 바라보는 자의 설레는 표정을 알고 있다 그것은 앞과 뒤로만 움직일 수 있는 정당한 싸움에 대한 경배, 일종의 태도, 즐기는 자의 주먹질을 버텨 낼 자는 없다 연전연승을 거듭한 싸움꾼은 AAA, 표식을 새긴다 짤랑거리며 쫓아오던 동전이 떨어지면 싸움꾼의 세계 여행도 끝, 오락실 밖은 강인한 태양, 눈이 부신 건 질색인데 그건 장풍보다 센 거다

닥치고 맞았다 숨거나 피할 수도 없는 거다 햇빛이 강한 거다 밝고 리얼한 거리에서 Street Fighter들은 이상하게 연전연패, 이니셜을 남길 동전만 한 공란도 없는 거다 그건 주머니 속의 일용할 양식이 가장 잘 알았다

분노의 시절
— 분노 조절법 중급반

선생은 실컷 때렸다 엉덩이에 담뱃불이 붙을 때까지, 그리고 날 선 숨을 기다란 코털 사이로 들이켜며 꺼지라 했다 그들은 교실의 모서리로 깊이 꺼졌다 여름이었다 친구는 지나간 열대야에 당신의 집 앞에서 선생의 멱살을 잡았다 그는 겨우 귓방망이 한 대 날린 후 날이 밝자 아킬레스건이 잘렸다 어머니는 가운뎃손가락을 봉투에 담아 선생에게 건넸다 그는 다시 걸을 수 있었으나 걸음마다 싱싱한 분노가 절뚝거리며 따라왔다 선생은 그들을 향해 벌레 같은 놈들아 기어라 기어, 했지만 그들은 좀 더 섬세하고 세련된 은유를 거친 날벌레였다 천장에 매달리고 기둥을 오르고 더러운 창에 머릴 박았다 날벌레의 배후를 밝혀내느라 선생의 오후는 퇴근까지 절멸했다 그들의 배후는 선생의 소갈머리에서 주변머리로 민족대이동을 하는 이가 보내는 상처의 텔레파시였다 선생은 음파를 읽을 수 없었다 우리의 분노는 상큼했다 여름이었다 선생은 낮잠에서 깨어나 자신이 구불구불한 조직의 거대한 음모 속에 자리한 한 마리 가여운 사면발니라는 것을 깨달았다 선생은 실컷 우울했다 지나간 열대야에서 그들은 모두 우주의 음모에 자리한 파란 숙주를 파먹고 사는 아리따운 유충, 선생이 무차

별로 구타하던 엉덩이와 허벅지 사이 3인치의 틈에서 하이얀 도포 같은 날개가 돋아났다 이제 검은 우주의 날렵한 품 안을 날 수 있는 것이다 선생은 거룩한 음모 속 파리지옥에서 고독한 날들을 보낸다 분노를 되씹으며 한국 놈들은 맞아야 정신 차린다고 이를 부드득 갈며 이를 잡아 죽이며 이글이글한 분노의 원심력을 당구 큐대나 야구방망이나 담양대뿌리 등에 부착해 허공에 휘두른다 그렇게 지나간 시절에 입술을 내민다 날벌레들은 도대체 한 번을 맞지 않고, 우주를 날아다닌다 분노의 시절이 가고 있다

밀레니엄 송가
— 분노 조절법 고급반

그로부터

　네 시간 전, 우리는 음습한 중국집에 모였다 바닥에는 불구가 된 젓가락이 나뒹굴었다 젖은 테이블 위에는 누군가 흘린 국물이 굳은 채로 흘렀다 우리는 모두 굳어 있었지만, 어쨌든 흘렀다 친구는 묵시록처럼 탕수육을 씹으며 죽은 엄마에 관하여 쉽사리 떠들었다 다른 친구의 아빠는 행방불명, 곧 아빠가 죽을 거라 소리 낮춰 웃었다 가서 죽은 엄마와 나눌 금칙에 대해 끌끌거렸다 사랑과 전쟁이던 여러 개의 세기가 한꺼번에 지나가고, 우리는 배갈을 삼키며 소리를 높이지 못했다

　여덟 시간 전, 수화기 너머 합격과 불합격의 갈림길에서 격렬하게 폰 섹스를 했다 낮은 포복으로 우리는 흘렀다 세월이 흐르면 오늘의 격렬한 포옹도 포복도 추억으로 남겠지만 우리에겐 세월이랄 게 없었으므로 남아 있을 추문이 없었다 합격입니다 기쁘지 않았다

　세 시간 전, 곧이어 아무것도 변하지 않는다면 참 심심하겠지 밀레니엄이라고 발음하면 아이돌 그룹처럼 명징한

새로움이 도래할 것만 같았다 심심한 건 죄악, 턱 아래로 떨어지는 국물의 무료한 낙하, 아무도 닦아 주지 않을 시간들이 틀어 놓은 TV처럼 지나갔다

   열 시간 전, 성당을 다니던 우리는 수녀를 지망하는 누나의 고운 종아리에게 열심히 연애를 걸었다 애 밴 고양이 같던 그녀의 종아리, 욕망과 희망의 난잡한 솜털이 붙어 떨어지지 않았다

   여섯 시간 전, 누나가 희디흰 허벅지 위로 치마를 걷어 올리자 무수한 솜털들이 민들레 씨앗처럼 산산이 벗겨져 교리실 바닥에 뒹굴었다 친구는 밀가루만 튀겨진 싸구려 탕수육처럼 갈라진 울음을 뱉었다 교리실의 십자가가 비틀어졌다 감추어진 모든 것이 무참히 드러나던 날

   그로부터 안녕, 누나의 천년 묵은 체위를 생각하며 우리는 엄마와 아빠를 놓아주었다 안녕, 아무 일도 일어나지 않았고 앞으로도 빌어먹을, 일어나지 않을 밀레니엄, 안녕, 이라 말할 때의 경계로, 그로부터

하이라이트입니다

  타이거즈 어린이 회원이었을 적, 천변의 늙은 야구장에는 비가 오면 수천 마리 물방개가 동일한 노래를 부른다는 신화가 있었다. 그날은 번트처럼 비가 떨어졌고 관중석은 신화를 떠올리며 겸허히 비를 맞았다. 점수는 터지지 않고 컵라면으로 도루하는 산성비와 간밤의 숙취로 딸꾹질을 하는 유격수 사이,

  아저씨 하나가 굼실굼실 허물을 벗어 들고 일구 이구 조명탑에 자신을 올리고 있었다. 이제 헛발이면 척추라도 굽을 판인데 누추한 허물을 벗어 빙빙 돌리며 고래고래 욕을 뿜는다. 선동렬이 주겨 브러, 비가 그쳐 화가 난 유격수도 배 나온 코끼리 감독도 선동렬이도 모두 위태로운 아저씨의 가련한 갈비뼈를 보는 사이,

  난생처음 모두가 올려다봐 양양해진 아저씨가 구회말이 사만루大역전찬스앞4번타자라도 되는 양 갈비뼈를 오롯이 펴고 세상을 향해 풀 스윙, 아저씨의 푸석한 장발에서 황금색 글러브가 튀어나와 날갯짓을 했다. 부러진 방망이가 노를 저어 산성 구름 속으로 둥개둥개 날아가는 사이,

볼품없는 갈비뼈가 다이아몬드를 돌고 경기는 웅성웅성 중단되었고 유격수는 화장실을 찾고 선동렬이는 거기 없었다. 점수 대신 비가 터지고 물방개들이 배를 두드리며 이별의 노래를 부르는 사이. 아저씨는 어디로 갔을까. 전광판에 빨간 카운트가 늘어났다. 굿바이, 굿바이— 홈런. 안녕히— 아저씨.

해로운 자세

바람 많은 섬을 오다니며 말 장수 노릇을 하던 할애비는
바다마저 외롭던 어느 날 암놈과 얼궈 먹다 바람결에 걸려서는
웅크린 등 위로 시덕시덕한 몽둥질을 쌔근쌔근 받아 내었다
턱턱, 매질이 웅크린 뒤께로 감길 때 감히 입 밖으로 아, 아프다고 아, 아, 나오려는 외롬과 서룸을 힘을 꽉 주고
압, 압, 아, 참았더랬다 그때 저두 몰래 삐져나온 할애비가 세상에 발설한

아빠는 그날의 기억이 두 쪽 불알에 남아 매도 바람도 무서운데
역마의 버릇은 난파선의 기름이 되어 흐르고 적조처럼 끈질겨
웅크린 애비의 손에서 홍단이 되고 광이 되어 원고 투고
군용 모포로 입질이 착착 달라붙을 때 되지 않은 오기로 앗,
앗, 아앗, 속으로 치미는 화를 모아 문밖으로 이고 지고
바람 가는 반대편으로 영영히 떠나 버렸단다 어디선가

웅크려 떨어진 애비의 흰머리를 본 자는 없는가, 궁금한

나는 섬과 섬 사이를 오다니는 바람의 멱을 잡아
웅크린 속에 가두어 놓고 책상다리에 무릎을 붙여
역마살이 도질까 시간을 뭉개고 앉는다
내 웅크린 자세의 원흉은
백지 위에서 매를 맞고 화를 내며 떠도는
외롬과 서름의 활자들을 가까이 노려보기 위한 버릇,
역마의 버릇이다

고래를 잡는 아이를 위한 안내서

이것은 푸른등돌고래 멸종기

지구처럼 돌아가는 월세, 지구처럼 냄새나는 음식물 쓰레기, 지구처럼 막히는 싱크대, 곧 멸망할 작은 행성을 뒤로하고 우주를 향해 눈꺼풀을 밟고 고래는 푸른 등을 돌린다

발자국에서 부서지는 초음파, 너는 소리 없이 푸른 등을 구부린다 브래지어를 담는 고래를 눈꺼풀 사이로 본다 흐르는 강물처럼 고래가 너를 쳐다보는 순간

멸망할 작은 행성의 마지막 강물이 되어야 한다 젖을 빨던 오망한 두 입은 포구가 되어 땀을 흘릴 것 이불을 찰 것 필사의 신음 소리를 낼 것 푸른 등을 간질이는 생태의 연기력

푸른등돌고래는 갈 곳 없는 포유류가 되어 강물에 몸을 담근다 위험한 가정에 등을 돌리지 못하는 고래 한 마리 브래지어에 너를 매단다 언젠가는 멸종하겠지만 고래는 그

런 것이고 너는 흐를 것이다

  조용히 고래의 젖가슴을 만질 때 자맥질 고운 몽우리가 우주를 향하고 있다면,

커피를 뽑는 사이

 그녀는 바그다드 카페의 거대한 바리스타, 열무지에 밥을 비비며 맥주나 소다수를 건네듯 새참을 돌렸다 실한 허벅지를 빛내며 다도해 사이를 싸돌다가 오후 새참 전에 끄응, 일을 보면 작은 섬들에 졸졸졸 물이 찼다는데 그런 날, 물 찬 섬으로 배의 콧날에 닿아 여물듯 풀어진 애꿎고 설된 다섯

 한 번쯤은 향심, 이번에는 맹심, 속상해서 상심이, 혹시라도 경심, 별수 없이 딸막이, 병원 침대에 누운 섬 하나가 바짝 마른 커피콩이 되었다 칼칼한 다섯 유전자가 실한 허벅지 사이로 오줌을 눈다 시골의 다방처럼 상냥한 음악이 들리고

 혹시 키가 큰 이모 다섯을 보았는가 그 우렁찬 유전자가 우는 소리, 바그다드 카페에 피고 지고, 자판기가 놓인 복도 사이로 바닷물이 고인다 서로가 여물듯 풀어져 닮은 이모들이 새참을 돌리는 밤, 그녀를 부르는 노래 Calling you, 아아아, 커피를 뽑는 사이에

2 잭슨빌의 사람들

알파벳 공갈단

A는 고개를 잘 돌린다 7시를 보는 시선은 11시도 볼 수 있지만 정각으로 돌아오진 않는다 늘 비뚤어져 더 잘 본다 B는 목소리가 크다 길을 지나는 모든 사람의 장기(臟器)를 놀라게 할 수 있다 C는 강한 발등을 가졌다 발등에 그랜드캐니언이 있다 기괴한 상처다 A는 그저 고개를 돌릴 뿐이다 초보들의 타이어를 본다 간단한 지시를 간결하게 내린다 B는 일단 조용히 해, C는 그랜드캐니언을 들이대, 새벽의 지진처럼 비밀리에 타이어의 회전 반경을 계산, A는 이제 뒤로 빠져 B는 이제 소리 질러 고함을 지르며 서부의 거친 마초가 되는 거야 눈을 부라리며 목소리와 콩팥을 앞세워 뭐든 이기는 거야 C는 유타 인디언이 되어 자연을 향한 경외심 가득한 춤을 춘다 절뚝절뚝 발등을 찍듯이, A는 딴 곳을 본다 B는 협상 중이다 C는 산양처럼 그 자리다 그들은 이 거리의 ABC, 기본이니까

슬램, 성장기

사납게도 나는 계속 컸다

클라인 씨(氏)의 병을 떠올리자면 나의 뇌하수체는 병 속을 이리저리 떠도는 거리의 악사, 성장판을 자극하는 그의 노래는 자라나는 손과 발이 함께 느끼는 기쁨과 슬픔 함께 느끼는 희망과 공포* 그날은 생리혈도

길게 났다 나는 계속 컸다

이마와 광대뼈가 튀어나온 얼굴을 들면 손이 닿는 곳에 림이 있었다 수많은 난장이가 쏘아 대던 작은 공들은 쉬지 않고 리-바운드되었고 나는 언니들의 패스를 얍, 얍, 받아서 작은 공들을 얌, 냠, 얹어 놓았다 왼손은

거들 뿐 나는 계속 컸다

뫼비우스의 띠를 떠올리자면 나의 몸은 성장의 바통 속에 갇혀 계속 넘겨졌다 호르몬은 빠른 속도로 온몸의 코트를 돌고 돌았다 가슴에서 뻑뻑, 마루 긁히는 소리가 났

다 언젠가 백보드에 입술이 닿는 그날이 오자 감독과 언니들은 나를

  피했다 나는 계속 컸다

  비정상은 거들 뿐, TV에서는 기다란 남자가 이소룡과 헐크호건에게 흠씬 두들겨 맞으며 즐거웠다 차라리 달나라에 던져 버릴 작은 공이나마 갖고 있다면 비좁은 언니들의 코트를 향해 분노의 슬램덩크 한 방, 꽂아 버릴 텐데 나는 거들거나 감추어질 기형의 왼손, 거들 수도 없이

  그들의 공은 다시 리-바운드되고 있다 나는
  계속 크고만 있고

---

* 조세희, 『난장이가 쏘아올린 작은 공』에서.

소년 파르티잔 행동 지침

 항문에서 바람이 거세게 불어옵니다. 당신의 등을 밀어냅니다. 그럼 이제 당신 차례, 꽃의 슬픈 유래나 강물의 은결 무늬에 대한 노래에 항문이 간질간질하던 당신, 구타의 음악 소리에 볼기짝이 꽃처럼 붉어져 혼자 타오르고 있던 당신*, 무거운 가방에 매달려 참고서를 완주하던 당신, 바로 당신. 붉은 엉덩이를 치켜들고 만국의 소년이여, 분열하세요. 배운 대로, 그렇게.

 대한논리속독학원 : 대각선의 끝에서 주제가 아닌 문장들이 비틀비틀 걸어오는 길목에서
 아카데미속셈학원 : 그들과 마주칠 때 셈할 것. 발각되지 않게 속으로 조용히, 주제를 비켜나 맨홀로 흐르는 친구들을 모아
 민족사관논술학원 : 적의 공용된 논리를 귀로 듣고 밑으로 쏴 버릴, 발칙한 엉덩이를 흔들어 단련시켜 룰루랄라
 슈베르트음악학원 : 누추한 음계를 타고 오르며 참혹해진 리듬, 바이엘과 체르니를 교미시킨 자랑스러운 불협화음 속으로
 엔터정보전산학원 : 스스로를 복제하는 수천 가지 자격증

을 가진 포부 당당한 이중간첩, 그의 예민한 촉수처럼

   우리학교야자시간 : 수레바퀴의 빈틈에 덕지덕지 달려들어 주제들의 세상을 혼내 줄 시간, 휘영청 휘영청 마음껏 변신할 것, 양껏 분열할 것.

   생뚱한 바람이 거대한 치마를 들어 올려 아이스크림 한 입 베어 먹기 전까지 우리의 항전은 끝나지 않아요. 근엄한 얼굴로 인생의 진리를 논하는 정규군의 향연에 더 이상 뒤를 대지 않을 테니 그리 알아요. 부릉부릉 분열하는 파르티잔들이 습격을 거듭하는 이상한 트랙에서, 소년들이여, 등에 누운 참고서 아래에 붉고 뜨거운 바람의 계곡을 기억해요. 그리고 궐기해요. 배운 대로, 그렇게, 뿅.

* 조태일의 시 「혼자 타오르고 있었네」에서.

폭소

　　　원로 코미디언 구 선생님은 오랜만에 인터뷰를 합니다. 가래가 끓어서 목소리가 나오지 않아요. 얌전히 앉아서 곧잘 농담을 합니다만, 사람들은 근엄한 표정이거나 억지로 웃어줬어요. 인간은 외로워집니다.

　내 친구는 파업 중이야 이제는 더 이상 삼룡이처럼 굴지 않아 삼룡이가 삼룡이처럼 굴지 않으니 웃긴가? 내 친구는 최대한으로 일그러져서는 떠나간 다른 친구를 부르고 있다네 바빠라바빠폼바빠, 사람들은 바쁘고 친구는 파업 중이야 노래도 율동도 없이 발버둥 치는 노인의 콧구멍이, 웃긴가? 유채꽃 기저귀를 받아 내는 간병인의 손끝이 떨리네 한때 우린 사람들의 썩은 이와 사랑니의 경계가 드러날 때까지 화내고 까불고 자빠지고 일어났네 최선을 다해 최소한의 노년을 최종적으로 바라 온 최전선의 무대가 웃겼던가? 친구는 자빠지는 데 일가견이 있었다네 배신당한 개처럼 희번덕 넘어질 줄 알았네 개 같은 게 웃긴 게야? 친구가 또 친구를 부르네 바빠라바빠폼바빠, 의사는 별로 바쁘지도 않네 우리는 산소호흡기 속으로 바빠라바빠폼바빠, 천천히 들어가네 사람들은 바쁘네 그건 친구의 유행어, 친구는 바쁜 사람처럼 쇠약해져 가네 웃는 입가로 긴 침이 자빠지네 노인의 성긴 침이, 웃긴가? 밟힌 토룡처럼 바쁘게 죽어 가는 삼룡이, 자네 한 번쯤은 박차고 일어나 봉서야,

하며 자빠지고 난 다음에야, 정색하며 물을 텐데, 화내고 까불고 자빠지고 일어나지 못하는, 자네 우는가?

잠자는 감자

현장의 점심, 빨간 태양 아래 빨간 벽돌을 나르던 빤한 얼굴의 사내 벌겋게, 잔다 정오의 디제이는 희망곡을 배달하고 배달된 자장은 희망을 모른 채, 분다

지구의 자장(磁場)이 연주하는 그의 코

현장의 그늘이 오므라들자 그는 배꼽에 다리를 모았다 이윽고 눈꺼풀을 들려 할 때, 그는 감자가 되었다 이미 코에 싹까지 돋은 푸른 감자, 염병할 콧구멍이 어째 간질간질하더라니, 지구는 복지부동 차렷 자세, 돈다

지구의 미장을 마무리하는 감자의 싹

그는 그냥, 잔다 진동하는 코에서 뻗는 감자의 싹이 무럭무럭 지구를 감싼다 모호로비치치 불연속면에 잠들어 있던 사내의 쉰 넘긴 솔라닌이 싹을 피운다 도망간 마누라년과 건방진 십장 놈이 싹싹 빌어도, 소용없다

지구를 리모델링하는 감자의 독

푸른 감자가 코 고는 소리 싹을 키우고, 둥근 지구를 삼키고 뒤척이는 그의 잠결, 거대한 싹들이 지구를 짜부라뜨려도, 현장이 무너져도, 타일 자루가 그를 덮쳐도, 감자에 싹이 나고 잎이 나도 지구는, 돈다

　현장에서 발견된
　잠자는 감자

속성

 그 집 김치찌개 비법을 누구도 알 수 없었지만

 명민한 이 동네 유지, 츄리닝 백 군의 목격담을 빌리자면, 시큼 씁쓰레한 찌개에서 남는 것은 대체로 바람보다 먼저 눕는다던 풀들이다 두부와 대파는 걷어 낸다 김치는 모양 그대로 개운하게 합한다 끓이던 찌개와 먹던 찌개의 차이는 인정하지 않아도 좋다 사이좋게 섞는다 휘적휘적 돌린다 그 소용돌이 속에서 새로운 맛은 이전의 맛과 동일한 개체가 될 것이다 그렇게 끓이고 내오고 걷어서 끓이고 또 파는 일련의 과정을 통해 국물과 김치는 이완과 긴장을 거듭한다 불안의 폭포가 멈추지 않고 쏟아지는 거품의 나날들, 찌개 속 풀들은 식도와 위장의 영토에 속할 안정의 날들을 기다리며 스스로의 맛을 9급이나 7급으로 업, 업그레이드하는 것이다

 그 집 찌개의 비밀은 저 입술들에 있다

박치

모든 도로에 도도한 박자가 흘러요 차선 마디 사이사이에, 네발로 진화한 인간의 굽은 척수를요 드럼의 피막(皮膜) 삼아서요 두들겨요 끼니처럼 사라지는 지난한 아스팔트의 익은 얼굴은요 언제나 갱충맞게 다시 나타나지만, 지나가면 그뿐, 우리는 길을 기억하지 않아요 박자에 꺼묻혀 가다 서다를 반복하죠 박자가 몸에 들었어요 군무를 즐기는 그녀들의 가슴처럼, 한 개의 밤을 직립보행하는 그들의 허리처럼, 박자를 기억하는 거죠 박자는 본능, 온전한 몸의 언어, 라디오는 틈틈이 센박과 여린박을 아내해 주지만 그새 무슨 상관이람 거대한 도로를 굴러다니는 척수의 진폭은요 일 년 전이나 일 년 후나 내비게이션의 맑은 목소리처럼 똑같은 표정을 하고 있거든요

핸들에 턱이 붙은 아줌마에게 도로는 궁상각치우, 궁상각치우, 뒤로 물러나고 집에서밥이나하지도로에쳐나와서는감히박자를깨뜨리나, 를 안면에 써 붙인 굽은 척수들이 가다 서다를 반복하는, 도도한 오후의 장대한 칸타빌레, 아줌마는 눈을 질끈 감고요 빗나간 차선에서요 엇박자의 악센트를요 크게 그렸다지요

잭슨빌의 사람들

 선배들은 잭슨빌에 살았다 곱슬머리처럼 고집 센 마을이었다 선배들은 몇 가지 동일한 습성을 지녔다 보름달이 뜨면 광장에 모여 두드리고 깨고 부쉈다 블랙과 화이트가 확연하게 구분되는 시절이었다 선배들이 Beat It! 외치면 적들이 삐레! 화답했다 왠지 호흡이 맞았다고나 할까 선배들은 발바닥을 땅바닥에 붙이고 왼쪽으로 조금씩 움직일 수 있었다 초승달처럼 기민한 걸음이었다 좀비처럼 두 손을 들고 허리를 꺾고 함께 달로 가려 했다

 하얀 달이 뜨자 잭슨빌은 온통 부작용으로 점철된 얼굴이 되었다 벽도 무너지고 고집도 무너지고 색도 무화됐다 이제 선배들은 달의 뒷면을 모르는 척, 워크에만 집중한다 광장은 추억이 되었다 마을은 고집 없는 회색이다 이제 잭슨빌은 주인 잃은 네버랜드, 오싹하고 위험하다 잭슨빌의 선배들은 함께 회상하는 버릇이 생겼다 죽고 나야 회상하는 버릇, 당신은 혼자가 아니야! 외쳐 보지만 불안한 호흡, 달은 사라졌다

애프터서비스

 사각형 가방이 방에 왔다 가방이 열리더니 공구와 친절과 서비스와 남자가 깰깩거리며 나왔다 최대한의 예의를 등에 단단히 메고 믿을 수 있는 미소를 짓고 최신형 TV에 다가가서 네모난 그것의 지퍼를 열더니 입을 오므리고 정성스레 빤다 TV를 향한 경건함이 그의 모럴, 방이 이렇게 더운데 빌기도 한다 제발 다시 서, 평소처럼 빳빳하게, 놈은 참을성 없는 개처럼 지지지 으르렁거리고 그도 슬슬슬 변명을 늘어놓는다 방이 이렇게 더운데 그는 찬물을 마다하고 열중하는 개처럼 찬땀을 흘린다 그는 고장 나 두시를 열두 바퀴 돌았다 오렌지와 매실과 콜라와 보리가 함께 돌아 국지성 호우를 동반한 태풍이 되어 그의 속을 돌았다 그는 돌아 버리겠다 그의 배가 돌아가는 소리를 내었다 TV가 으르렁거려 아무도 듣지 못했다 이윽고 그가 방에 그의 하루를 차게 지렸다 우리는 서로를 오래 바라보았다 그가 가방 속으로 다시 들어갈 수 있도록 도와주어야 한다 따뜻한 수건을 꺼내 그의 물건을 닦아 준다 그의 아랫배가 촉촉해질 때까지 문질러 주었다 우리가 할 수 있는 건 오럴 혹은 모럴, 사각형 가방이 그를 담고 다음 고장을 찾아 길을 나선다 그가 지린 액체가 TV 아래에서 말라 가고 있다

마지막 이야기는 눈을 뜨고

  학자들은 지구의 종말을 얼음에서 찾으려 했다 이상기후에서 이상한 징후를 찾으려 노력했으나 지구는 불판 위의 오래된 고기처럼 질겼다 이것은 이미 망한 가게의 숯불 돼지갈비처럼 건강에 해로운 이야기

  빙하의 감소로 인한 해수면의 상승으로 바다의 이야기는 폭주했다 이야기는 이야기를 부르고 셰에라자드의 천일 밤처럼 끝도 없는 마찰음이 났다 이야기가 데워 놓은 물에 잠겨 부레처럼 지갑은 벌어졌다 이야기가 길어질수록 사람들은 끈질긴 어류가 되어 이야기의 끝으로, 입을 벌렸다 그 끝에서 거대한 상어가 지느러미에 불꽃을 터뜨리고 있을 것이라 굳게 믿었다 상어가 움직이자 바다는 끝없이 뜨거워졌다 결국 광포와 같은 불길이 바다를 덮친 것은 인류가 상어 일곱 마리를 낚은 그 순간, 상어의 출현과 함께 이야기의 전선은 누전되었다 인류는 환성을 질렀고 이야기를 해부하며 확률의 승리를 예찬했다 배당률은 상승했고 런던의 도박사들은 다음 상어에 대한 예측을 서둘렀다 인류의 발밑에서 이뤄지는 비밀스러운 절멸의 접선에 누구도 귀 기울이지 않았다 여기저기 불길이 대박대박대박 터진다

이것은 그러니까, 누구의 코털에도 걸러지지 않는 유독가스처럼 질긴 이야기

   연기 속에 사라져 가는 인류의 유토피아가 화염 속에서 튀겨지고 있다 이야기는 모든 기도와 비상구를 장악하고, 심해에서부터 심혈을 다해 휴화산을 깨웠다 그러니까, 오늘은 이상하게도 운수가 좋더니만 인류는 모두 눈을 흡뜬 채로다가, 이렇게.

착하고 즐거운 코스

이탈하는 공
푸른 멍이 든 잔디들이 순종적으로
엉덩이를 흔든다
무심한 공들이
구멍으로 간다 착하게
나이스한 인생을 살아가는 사장의 그루브한 배
낙하에 성공한 당신의 공
오랜 정성 끝에 내보낸 존귀한 한 방울
터지는 감탄사
골프는 구멍이 작아서 제맛이야
당신의 그루브한 농담
언덕처럼 부른 당신의 위장
잔디를 두드리는 당신의 손바닥
깊고 자애로운 손금
벙커처럼 비어 있는 당신의 머리숱
잔디는 숨죽이고
옮겨 심은 어린 소나무가 농약에 취해
시퍼렇고
당신이 벌타 대신

바람의 세기에 따라 내 오른 엉덩이를
나이스하게 만져 대는
그루브한 오후
나이스샷 사장님
구멍을 찾으시나

뒤가 구린 암사마귀 지나간다
머리부터 씹어 삼키며
착하고 즐거운 코스 중이다

지켜보고 있다

그 여자를 아무도 모른다
노트와 펜의 무리수 사이
불편한 사각에 꽂혀 있다
아무도 볼 수 없다

오후가 끝물을 타면 무차별한 궁기처럼
아이들이 몰려온다
무심결에 잃어버린 모나미 펜의 남은 잉크가 되어
쓰지 못한 검은 것들을 제 안에 담아 둔 채
여자는 꽂혀 있다 궁기 중에 숨었을
좀도둑을 기다리며 오래 잊혀 서 있는 여자는
흐르는 잉크의 외로운 방점
종아리가 저리고 허리가 아프다
여자를 아무도 모른다

진열된 펜들이 각자의 소실점을 빛내며
아톰처럼 난다 여자는 펜들의 화려한 비행을
물끄러미 바라본다 아무도 여자를 몰라야 하고
로봇을 사랑한 박사가 여태 살아 있다면

아톰처럼 여자에게도
낙하의 자유를 주었을지 모르지
푸른 불꽃을 타고 작은 주먹을 발사하며
마음껏 낙서했을 테다
여자를 아무도 모른다

고급 펜의 소실점을 주머니에 훔치던
궁기 하나가 여자를 알았다
눈치를 보는 파리한 떨림에
꽂혀 있던 여자가 로봇처럼 반응
소년의 방점을 탁,
낚아챈다

이미 망한 가게

옆집은 비었는데
휜소리처럼 자꾸 무슨 소리가 들려
웃풍을 따라온 지글지글한 소리
겨울 그 가게는 간판을 내렸다
삼겹살이 팔리지 않았겠지 하얀 돼지기름이
종이컵에서 굳어 갔네 기름 속에 숨었던 추위가
분분히 떠오르는 겨울
몇몇 테이블에서 고기 굽던 소리
눈처럼 쌓였다 방음되지 않고
폭설처럼 조용하고 거대하게
망한 비계가 시커멓다
김치가 되던 손등
상추가 되던 손바닥
마늘이 되던 손톱
돼지비계처럼 미끄러운 겨울
싸구려 숯들이 통째로 눈밭에 버려진다
더 이상 탈 수 없는 그들이 손을 잡아 주었겠지
그곳을 발판 삼아 빙판을 피해 간판을 내렸겠지
버려진 불판과 찢어진 장판을 보며

주머니 속 손이 얼음처럼 판판했겠지
방음이 되지 않는 벽에서
눈 오는 소리 들려 하얗게
벽에 귀를 대어 본다
남은 고기가 타는 소리
옆집은 이미 망했는데
이 미끄러운 냄새는 어느 가게의 비계를
굽는가, 고소한 추위가 몰려오는 날
귓불을 만지는 찬 손이 있다

슈퍼 마氏

사람의 키가 작아진 왕국에서 태어난 그는
어둠의 성채에서 버섯처럼 차분한 살을 가진 여자와
깊은 구멍을 파기 시작했어
구멍의 끝에서 불꽃을 터뜨리고 최후의 버섯을 캤단다
마리슈퍼, 구멍 뚫린 마리오의 버섯
주인공이 변신하는 동안의 불문율을 지키러
사람들은 천장이 높은 마트로마트로간다간다간다간다
왕국 사람들의 키는 자꾸만 낡아 간단다

지금이다
어두운 구멍에서 쏘아 올린 버섯들을 봐라
잘생긴 마트가 사정하는 빛 사이로
굴욕보다 단단한 습지를 딛고 진열된
쌓인 먼지를 끌어안고 스스로 열을 내는
봉지 과자와 하우스 밀감과 물렁해진 껍들의
하이퍼바이오닉크리스탈에너지
그것을 감싸는 일수 대금과 명함판 대출 광고의
방어력증강붐붐매트릭스파워업
히어로를 향한 마리오의 변신은

사라진 단골과 마트의 대물을 넘고 넘어
날짜 지난 우유처럼 느리고 치명적이지
속에 품은 독버섯 심장을 꺼내 던지면
오래된 슬픔으로 연금한 마법 수류탄이
분노의 파편을 퍼킹, 퍼킹, 퍽, 퍽, 퍽
사람들을 구할 테니 두고 봐라

마리슈퍼 주인장
슈퍼히어로 마리오를
지켜봐라 장난이 아니다

3 단 하나의 사람

FC 게토의 이삼류 골키퍼

 날아오는 공을 본다 축구공에는 표정이 있다 날 보는 관중은 없지만 축구공은 나를 보고 있다 그것은 실패를 마주 보고 있다는 뜻이다 실패의 표정은 태클처럼 날카롭다 관중석은 공허하다 공허에 포위된 밋밋한 경기에서 나는 축구공을 본다 예정된 실패를 기다리며 자세를 낮춘다 상대방의 은빛 킥 모션을 몇 안 되는 관중이 쳐다보건만, 이삼류로 구겨진 내 자세는 아무도 보지 않는다 유일한 그가 온다 손을 뻗어도 닿지 않을 구석으로 빠르게 온다 희망도 아마 구석에 있겠지 나는 벌레처럼 몸을 날리겠지만 너는 나의 게토를 차지한 채 마음껏 뒹굴겠지 지금 온다 발등에 깎인 왕성한 회전력으로 내 옆구리를 지나쳐 오는 너의 옆모습을 지켜본다 벌칙 구역의 상자 안에 묶여 있던 내가 공식적으로 좌절할 시간이 너의 옆에서 함께 회전한다 공의 궤적은 페루를 향해 날개도 없이 떨어진다 작별인사의 손짓을 따라 객사(客死)처럼 나를 던지지만 나의 몸은 골망에 때려잡힌 한 마리 파리, 몹쓸 흔적이다 몸을 날려 손을 뻗어도 닿을 수 없는 구석 웅크리고 있던 내 희망이 공에 맞아 숨진 시간은 로스 타임, 버려진 시간

한없이 시끄러운 쟁반

신호가 바뀌면서 떨어지는 쟁반
여자의 젖꼭지는 원두처럼 검었고
아스팔트에 길게 쓸렸다

시내버스의 사타구니 아래 애처로운
오토바이의 타이어는 조금씩 돌고 있고 단조로운
오후의 시민들은 둥글게 모여 비명을 듣고 시끄러운
최대 음량의 최신 곡은 계속 흐르고 평화로운

도시에서 신호등 아래 떨어진 쟁반의 헐거운 칠이
벗겨졌다 커피 빛 매연을 꾹꾹 눌러 담던 둥그런 가슴
드러났다 아파서 창피를 모른다
망사처럼 태연한 거리
구멍 사이의 속살

검고 통통한 젖꼭지가 분한 듯 피 흘리며
지금 그 눈빛들 모두 내가 담아 두마
조각난 뼈 사이로 거른
검고 쓰고 진한 커피가

시끄럽게 쟁반에 올려졌다
신호는 바뀌고 치워지는 레지

그리고 다시 아침

그는 세탁기를 붙잡고
아무 버튼이나 누른다
그는 구운 생선의 미소
무너져 가는 회사의 등이 굽은 양식어
탈수와 건조 사이 합성세제를 먹고 자란 생선
그의 속은 세탁이 필요해

그는 마누라의 늘어진 팬티를 향해
찬사와 겸양의 말을 떠들어 대고
다시 세탁기의 버튼을 누른다
주방을 떠도는 구운 생선은
냉장고 문을 열고 알을 깐다 일을 본다
그는 노래방에 아가미를 두고 왔음을 깨달았다
그의 등은 이미 굽었고 비린내에
마누라가 일어나 죠스처럼 바밤,
나타났고 세탁기에서는 부장의 18번이
바밤, 바밤, 도는 밤

다가올 아침이
곱게 발라지고 있다

비닐하우스

비닐 집을 장악한 해
오목렌즈가 되어 나를 태우려 해
밥솥에서는 오래된 밀감 냄새
굳어 버린 밥알, 나는 뒹구네
멈춰 버린 시계
허기는 등교 시간을 알리네
제임스에게 감귤 맛 밥을 던지네
단풍처럼 혀를 흘리는 개
비닐 집에 나흗날 뒹구는 나
철망에 아흐레째 묶인 개
제임스의 사나운 눈을 보네
녹이 슬었네
아홉 살 난 개가 된 나
귤처럼 몸을 벌려
도사견을 유혹하네
달려드는 제임스
모텔로 둘러싸인 비닐 집에서
모두가 발정기
제임스와 난 사람이 되었네

부끄러워 얼굴을 가렸네
이제 그만 제임스
감귤 색 피가 흐르잖아

녹색어머니회에서 알림

이른 아침부터 교통질서를 강조하다 보면 바코드에 찍힌 회초밥이 될 거 같아 그러니 말 좀 들어 머리칼을 잡아당기기 전에

가정통신문 속 어머니는 성모님이란다 뭐든 넘어가고 들어줄 거라 믿어 골고다를 언제 넘을지는 모르겠다만, 횡단보도는 함부로 넘지 마라

여긴 여러모로 시린 나라 아침을 지키는 형제자매선교단과 녹색어머니회를 봐라 밥알처럼 순종적이고 바코드처럼 반듯한, 눈이 시린 희생정신

밤새 눈이 많이 왔구나 그러니 꼬마야 바코드에서 올라오렴 인도에 얌전히 서 있으렴 기도하는 자세가 좋겠구나

저기 녹색 불을 머리에 인 초밥들의 질주가 보이지 않니? 그들은 와사비마다 동일한 코드를 지니고 있단다 아주 맵지

그렇게 무단으로 바코드를 건너면 날짜 지난 회초밥처럼 밥알째로 눌리고 말 거야 기도하는 자세로

내일이면 겨울방학인데 바코드가 되어 누워 있다니 녹색도 어머니도 회도 널 녹일 수 없는데 날이 이토록 시린데 형제도 자매도 되기 전인데

머리칼을 잡아당겨도 일어나지 않는, 날마다 매운 아침에

일어서, 건담

높은 천장과 깨끗한 조도를 가진 우주.
건담은 평화를 사랑한다. 거대한 서사의 시작은 늘 명징한 평화.

휴먼은 우주의 항로를 돈다. 조화롭게 진열된 별들을 우주선에 담는다. 무수한 별들의 쓰임을 모두 알 수는 없는 일. 그들은 혼돈을 즐긴다. 휴먼의 입맛에 맞게 가공된 숱한 은하들의 노선이 입맛대로 흐트러진다. 별들의 질서를 바로잡는 건담.

덜 큰 휴먼을 우주선에 태우고, 엉덩이와 사타구니 사이에 신성한 별을 담는 진정한 야만성. 전범국 후예의 무심한 표정은 참을 수 없이 밥맛이지만, 부모와 자식으로 맺어진 나선형의 행복에 건담은 끼어들 자격이 없다. 우주선에 두고 간 내밀한 기록을 지우는 건담.

안드로메다 성운의 지하자원에서는 늘 고소한 냄새가 난다. 우주의 복판으로 성난 이쑤시개처럼 휴먼들은 달려든다. 우주는 영영 고갈되지 않을 자원의 보고이고 천장은 높고 조도는 깨끗하다. 권유하기에 쉬운 크기를 개발하기 위해 골몰한다. 너무 크거나 작은 자원은 분쟁을 일으키므로, 잘 드는 가위를 집는 건담.

    영원의 구멍을 향해 휴먼은 우주선을 몬다. 바코드-홀에서 녹색 광선검을 투과하면 별들의 신비는 해체된다. 행성의 표면이 긁히는 소리가 사납다. 휴먼, 3개월로 긁을 건가. 휴먼, 한 번에 할 건가. 휴먼, 비밀을 쌓을 텐가. 휴먼, 적립할 다른 비밀은 없는가. 빠른 손놀림의 건담.

    광활하고 신비한 우주에서 봉지에 별을 담는 정도는 스스로 해야 할 일. 썩지 않는 물질이 허공을 떠돈다. 봉지가 무겁다. 건담은 거대한 평화에 눌려 종아리가 붓고 발바닥이 딱딱하다. 어쨌든,

    우주의 서사에서
    건담은 늘
    서 있으니까.

블랑코의 잃어버린 코를 찾아서

당신은 이 나라의 수도에 대한
유력한 격언을 몰라
당신의 눈을 감은 사이에, 이미
코가 없잖아 블랑코
코가 쑥 빠져 낙담하던 당신은 마른세수를 하다
깨닫는다 걸리는 게 없이 평평한 안면

당신에 대한 세속의 믿음은 불안하고 불량해
과장된 만화에서나 나오는 표정으로 당신은 강제되어
있다
코가 없는 당신의 불행에는 시큰한 슬픔이 없다
슬픔 없이는 인정도 없다
누가 코도 없는 인류를 사람으로 보겠는가
당신은 술잔을 코 아래 가져오다 흠칫
코를 생각한다 평평한 안면이 둥글고 차가워진다
불량한 코 따위는 없어도 좋아, 위로해 보지만
코가 없는 당신은 코가 있는 자의 사회로부터
매 맞은 허벅지처럼 시퍼렇게 구별된다
피노키오처럼 탕감되길 원하겠지만

당신은 믿을 만한 사람이 아니며 그저 블랑코,
코가 없을 만큼이나 불량한 족속

두 개의 구멍을 점벙거리는
코들의 행진
불량한 풍경 속에서 잃어버린 코를 찾아 킁킁거리는 블랑코
"안녕하세요 블랑코예요 사장님 나빠요"를 세 번 외치면
쑥, 코가 솟아날 것이다
당신은 이 나라가 가진
농담의 미학을 몰라
세 번 네 번 같은 소릴 반복하다가
뒤늦게 알게 될 거야 둥글고 차가운 안면을 찌르던
당신의 불길한 코
화염 속에 잃어버린

카누를 밀며

카누를 미는 마사이족은
미시시피 강의 거친 호흡을 바라보며
잠시 걷는 일에 대해 생각한다

어째서 이 물살 한 칸 오르는 일은 이다지도 힘이 드는가

마사이 워킹으로 초목을 걸어 누빌 때
둥글고 부드러운 발바닥에 닿는
거친 풀들 물소의 향긋한 똥들
그는 가끔 뛰어올라
발바닥 박수를 치기도 했었는데
표범이 없는 킬리만자로처럼
이제 걸을 수 없는 마사이족은
워킹—걷는 일에 대하여 깊이 생각한다

강에 누운 얼룩말의 정갈한 무늬
마사이족의 찌그러진 콜라 캔 같은 얼굴
탄산이 터진다 밍밍하고 끈적한
기나긴 강물 위 얼룩말의 가죽을 벗겨

한 땀 한 땀 말아 쥐며
카누의 두 발을 밀며 마사이족은
깜박이는 파란불의 호위를 받으며 밀며 워킹하며
횡단의 마지막에 와서 또 깊게 생각한다

어째서 이곳은
길과 길을 지키는 턱과 턱들의 장애가 이다지도
힘이 센가

목격자

 우아하게 휘어지는 도로, 달아난 차는 뒤가 없고 사내는 김샌 음료처럼 흘렀다 마지막 탄산이 터지고 곧 증발할 사내의 소금기가 마지막 찐득한 주문을 외자 그의 곳곳에서 새로운 다리가 생겨났다

 오늘은 일하기가 싫다

 깨진 머리는 소소한 기억이 뭉쳐 되게 짰다 마지막 장면을 망망히 담던 눈도 전에 없이 튀어나왔다 오징어회가 입천장에 붙듯 염치없이 도로가 편안했다 바람이 불 때마다 흡반이 늘어났다

 생 처음, 게으르게 그는 누워 있고 차들은 한 대 두 대 그를 비켜 갔고 바다는 느긋하게 고래를 담고 곰치를 담고 청새치를 담고 오징어를 담고 불이 밝았다 불빛을 쫓는 사내의 다리가 질척일 때, 연골과 두골에 쌩, 바큇자국이 나고 오징어 몸통처럼 쌔앵, 가늘게 찢어지는 그의 생

 빛을 따르는 오징어가 그물에 잡히듯 묵호에서 도시로

밀려와 낙엽과 꽁초와 환경을 담던, 아스팔트에 구워져 동해 바다의 불빛처럼 줄지어 달려드는 어선에 찢기고 구워져 일차선 마요네즈에 찍힌

  새벽의 미화원을 본
  사람을 찾습니다

냄새나는 사람

 노, 노점상 같은 겨울에 부부는 토, 토스트를 뒤집어 보기로 했단 말이지 허기처럼 말랑한 돈들을 특제 소스에 말아 먹어 보겠다는 것이 이번 겨울에 당, 당찬 계획이었단 마, 말씀이야 흐흐흐

 옆방에서 느, 늙은 토스트가 이틀간 써, 썩어 가는 걸 몰랐던 건 흐흐 특제 소스가 좁은 방 구석구석에서 그 부부의 눈과 귀를 이글이글 구워 냈기 때문, 팔다 남은 울릉도 오, 오징어 몇 마리 가져다줄 때에도 몇 안 남은 앞니로 오물오물 잘만 씹어 삼키시더니 흐흐흐 이틀이나 써, 썩도록 내버려 둔 건 누구의 잘못이 아, 아니라니깐
 토스트 구운 지 석 삼 일 정도나 됐을까 햄 치즈 다, 달구는 냄새보다 도, 독하고 노르스름한 냄새가 무언가 저 할망구가 우리 몰래 고등어자반이나 몇 점 잡수시나 했지 그런데 이 노친네가 전기장판 흐흐흐 그러니까 저, 전기장판 뜨끈하니 켜 놓으시곤 이불 하, 한 장 얹으시곤 세상에서 가장 느, 늙어 버린 토스트가 되, 될 줄이야
 할망구 구워지는 내, 냄새가 온 동네에 퍼지는데 그도 그, 그럴 것이 엉덩이 살점이 벌겋게 달아올라 상한 살코

기 냄새가 나더라고 몸에 있는 온갖 구멍에서 화, 황갈색 소스가 이불 옆까지 새어 나왔지 쭈글쭈글한 엉덩이에 지, 짓눌린 소스의 냄새는 온 동네에 시큰하게 퍼졌지 <u>흐흐흐</u> 너, 너무 뜨거워 어떤 포장용지로도 쌀 수가 없는 트, 특제 <u>토스트</u>

   그해 겨, 겨울 망해 버린 토스트 노점 자리에는 늙은 고기 냄새가 오랫동안 퍼졌지 배고프면 식빵에 야채 햄 치즈 얹어 구워 먹듯이 흐흐흐 아무렇지 않게 베어진 하, 할망구의 사, 살냄새 그때 그 냄새 <u>으흐흐흐</u>

걱정하는 사람

　남극의 빙하가 녹고 있는 오후, 그의 걱정은 지구의 밑구멍에서 시작됐다 그에게 지구는 요실금을 앓는 중년의 눅눅한 엉덩이, 그에게 지구는 축축한 골짜기를 거느린 둥근 똥구멍, 뜨거운 입김이 지구의 항문에 불어닥칠 그날이 오면, 나는 삼엽충처럼 판각될 것이다,

　라는 걱정에 사로잡혀 그는 세상의 모든 탄소를 저주하고 견제하느라 캄브리아기의 화산이 되어 가히 바빴다 그의 걱정은 하강하는 빙하가 긁어내는 암석의 자국을 따라 참을 수 없는 요의가 되어 뿌려졌다 어둡고 작은 골짜기의 구석을 간빙기,

　라고 이름 붙였다 간빙기의 방에서 그의 걱정은 그린란드의 매머드와 같이 절멸할 종의 기원에 닿았다 겨우 내일 따위나 걱정하는 얼굴들을 달고서 바쁘게 출근하는 모두는 멸망의 전철에 탑승하는 고대의 생물체, 화석도 없으리,

　라는 그의 걱정은 일회용 기저귀처럼 그를 감싸고 그는 지구의 차가운 밑구멍으로 밀려 들어갈 인류의 운명에 굵은

연민을 질질 싸며 간빙기의 방에서 혼자 걱정한다 그날이 오면, 그날이 와야, 그의 걱정은 끝날 것이니 누가, 그에게,

내려가는 사람

뜨내기 뒤축에 달려온 노폐물들은
오랜 시간 공을 들여도 낙서처럼 끈질겨

낙서 사이에서 요도를 타고 삼천만 원이 왔다

기침을 받는 오줌 구멍
돈을 센다 전화를 걸어 볼까 비만인 몸이
정로환과 삼천만 원에 반응한다
그의 살찐 신장이 보내는 신호로
일을 끝낸 지폐 계수기가 떤다
나는 가난해지면서 뚱뚱해졌으니
나의 신장이 남긴 것은 뻔뻔한 불능
컵라면의 건조야채조차 오로지 살로만 가는
이 견실한 노동자를 팔아 버리리
쭈그린 노폐물의 눈높이에 붙은
조악한 스티커의 반반한 메시지를 따라
뒤로 소지(掃地)하며 앞으로 전화를 거는
짧은 팔들 허덕허덕
떨어뜨린 휴대폰 그 위로

무덤덤하던 신장의
격렬한 반응 한 줄기

마지막 물에 그가 우줄우줄 내려간다

단 하나의 사람

이름은 세군도

꿈빠이 제도 비밀의 항구에서 순백의 가루처럼 곱게 웅크려 밀항선을 타고 왔지 비밀의 항구 도시에서 완강한 종(種)의 계시 따위는 망고 즙처럼 끈적끈적 증발했지 세군도는 지구에 없는 인종, 우주에 없는 피부색을 가졌네 세군도가 오는 것을 우리는 몰랐으나 그는 잘린 손목을 옆구리에 끼고 체불된 임금 소리에 맞춰 흔들흔들 왔지 바람이 통하는 앞니에서 고운 소리로 찬찬,* 노래를 부르면 열대의 폭우가 찬찬히 내리네

꿈빠이에서 온 세군도는

깊은 눈과 부지런한 쌍꺼풀을 가지고 있지 대양(大洋)에서 불어오는 고운 입자로 노래를 부르지 산호의 피부가 부르는 노래, 치명적 음계를 유영하며 팔려 간 여동생의 낙태를 기념하네 그는 예의 없는 눈알과 유래 깊은 매질을 오롯이 받아 내며 훈련한 비밀 요원, 꿈빠이 제도의 곱디고운 노래의 성분을 가져와 폭우 같은 풍치를 퍼뜨리지 모두

가 찬찬, 인상을 찌푸리도록 비밀리에 번지지 세군도의 바람바람바람이 찬찬히 내리네

    세군도, 노래가 옮겨 심을 전 지구적 고통을
    잇몸 속에 감춰 두었던
    단 하나의 사람

* 쿠바의 재즈 보컬리스트 꿈빠이 세군도의 대표곡.

4 마스크

갑각류의 말

　비린 새우 과자를 혓바닥에 눕히면 젊은 여자 떠드는 소리 들린다 늦봄 긴 가뭄처럼 완강하던 것이 장마에 젖은 운동장마냥 척척해진다 온몸이 젖어 가면서 파삭파삭 웃는 듯 우는 듯 그 야한 소리가 좋아 입천장으로 꾸욱 눌러도 본다 그러다 벗겨진 입천장 연한 껍질이 연어처럼 헤엄쳐 과자와 엉길 때에 그때에

　새우 과자가 감춰진 가슴골 사이에 몰래몰래 담고 있던 열 개의 다리로 혀뿌리를 짚는다 혀에 새긴 파각의 기호가 입천상 벗기듯 소적한 기억들을 벗긴다 그곳에는 시시한 얼굴의 갑각류가 한 겹 두 겹 옷을 벗었고, 부드러운 혓바닥 위로 올라와 자꾸만 백 년의 살결을 부볐다 나는 온몸이 젖어서는 파닥파닥 야한 소리를 지껄이며 갑갑한 말들을 뱉는다 말의 천장이 울퉁불퉁 나를 누르는 시간이 온다

내가 바로 배호라니까

 여섯 살 그녀에게 최초의 공연은 돌잔치였다 그녀는 볼록 튀어나온 배에 두 손을 얹고 나른한 표정을 하다 오른손을 들어 기지개를 켜며 엇박자로 윗입술을 오물거렸다 사람들은 까무라치며 그녀를 깨물고 까꿍, 까꿍 까불었다 그녀의 옹알이는 바로 배호의 돌아가는 삼각지였다 아무도 돌아가지 않았고 먹고 마셨다 돌아가는 삼각지를 떠올리며 그녀는 삶과 사랑과 이별을 아느냐고 끊임없이 엇박자로 되물었지만 남자는 냄새나는 입을 볼에 부빌 뿐, 남자의 수염만큼 까칠하고 험하고 귀찮은 예술의 길이여

 그녀는 눈을 깜빡이며 목울대를 꼰다 꼬들꼬들한 꼬마의 목소리가 꿈처럼 퍼진다 경박한 화장을 하고 싸구려 한복을 입고 열창한다 냉정한 심사위원들아 내가 바로 배호다 엇박자로 들어가는 예술의 박자를 그들이 알 리 없다 기특하고 신기한 눈으로 돌아가는 삼각지, 돌아가는 삼각지, 전국을 돌며 지방의 모든 축제를 섭렵했다 그녀는 엇박자로 말한다 트로트 신동이 아닌 내가 바로 배호라니까 그녀의 무대 매너는 점점 농익어 가고 이제 그녀는 정말로 배호가 되었다 여섯 살인데 머리칼이 빠지고 아저씨의 얼굴

이 되었다 그러니까 진정한 예술은 트로트를 따라 부르는 신동이 아니라 배호 자체가 되는 일이라고, 쏘아붙였다 그녀가 바로 배호인 것을 아무도 모른다 계몽할 수 없지만 포기할 수도 없는 귀찮은 예술의 길을 여섯 살 그녀, 배호가 간다

부지런한 생물

 형수님은 장어를 잡는다. 뜰채로 걷어 올리면 화난 손님처럼 구불구불 움직인다. 인상 사나운 놈을 골라 대가리를 잡고 도마에 박아 놓은 못에 찍어 누른다. 대가리를 고정하고 잘 드는 칼을 놈의 아가미 속 깊이 찔러 쑤욱 가른다. 긴 장어의 결을 따라 마술사가 신문지를 찢듯이 반듯하게 가른다. 둥글던 장어의 몸통이 홍해처럼 분리된다. 처연하게 피가 솟는다. 길고 질긴 고무호스가 물을 뿜으면 소용돌이와 함께 피가 쏠려 나간다. 장어는 한 번쯤 가늘게 떨어 보는 것이다. 그때, 발가진 몸통을 상추쌈 하기 좋은 크기로 토막 낸다. 형수님은 분초를 다투는 운동선수처럼 입을 꾹 다물고 장어만 죽인다.

 버려진 장어의 얼굴들을 쳐다보면서, 얼굴 위에 쌓인 또 다른 얼굴들을 찬찬히 보면서, 몸에 좋다는 꼬리처럼 부지런하게 태어나 버린 몸뚱이를 토막 낼 수 있을까 주문이 들어오면 장어처럼 근육이 꿈틀거린다. 뜰채에 들려 오고 얼굴은 못에 박히고 배는 홍해처럼 갈린다. 형수님은 얼굴이 없고 몸통은 부었고 꼬리는 잘렸지만 힘이 좋고 기술이 있다니까! 가슴을 펴고 죽은 장어들의 생애를 품에 넣으면

파닥파닥 몸서리쳐질 것 같아 짠 바다에 사는 힘센 짐승처럼 아름다울까, 생각하던 대가리가 못에 박힌 것을 알았을 때는 이미 형수는 동강 나고 양념 소스가 덕지덕지 발리고 있었다. 추가 주문이 들어온다. 형수님은 장어를 잡는다.

웃어 봐, 프레이저

 독이 불편하게 올랐군 날이 선 면도칼을 광대뼈에 심어 줄까 풋내기 같은 풋워크도 멈추지 않는군 기억조차 없는 지난 방어전에서 자네의 콧등은 문드러져 입술에 붙었더랬 지 지금도 복어처럼 얼빠진 독을 뿌리며 파고드는 프레이저

 약이 바짝 올랐군 자네는 트레이너의 전세금을 훔쳐 쿤 밍의 고지대로 훈련을 갔겠지 희박한 산소에서 자네는 녹 슨 선풍기처럼 잽을 날렸겠지 그러면서도 복싱의 신, 무하 마드의 얼굴을 머리에 그리며 잇몸에 힘을 주었겠지 로프 로 날 밀치는 성난 복어 프레이저

 이를 바드득 가는군 촌스러운 친구야, 복싱은 나비와 벌 의 이종교배야 독을 뿜어 대는 단순한 전진이 아냐 나비의 정감과 벌의 육감으로 상대의 움직임을 간파해야지 자네의 주먹은 고산지대의 이끼처럼 흐트러지는군 자네의 빗나간 스트레이트, 옆구리에 선물하는 나의 훅을 받게나 프레이저

 다리에 힘이 풀렸군 무차별한 꿈은 링 코너에 몰려 마우 스피스까지 뱉은 채 그로기, 카운트에 밀려 일어선 무릎은

가늘게 떨리고 고개를 들 힘도 없는 자네의 희망은 그로기,
박스에 갇힌 자네는 복싱의 신이 던진 미끼를 문 복어, 독
빠진 패배자, 어디를 그렇게 보는 거야 이 얼빠진 친구야

   나는 웃었어요 씨익,
   헐떡거리며 마우스피스를 뱉은 내 벌과 나비가
   무하마드의 잘난 귓불에 엘도라도처럼 붙어 반짝,
   복싱 말고 다른, 좋은 생각 하나가 떠올랐기 때문이지요

CITY100 다이어리

 등에 뜨거운 바람이 분다 번지가 여러 개인 골목이 길게 숨어서 휘파람을 분다 대실된 모텔에서처럼 길고 순한 알몸들이 끈끈하게 들러붙기 전에, 가야 한다 과속 방지 산맥을 넘고 넘어 달리는 오토바이의 다리는 볶은 양파의 깔깔한 교태에 있는 힘껏 취한다

 한때는 짬뽕을 시키는 궁상들의 허기를 달래 주는 단무지 색 머리칼의 혁명가가 되려 하였다 신장개업 취화루 놈과 눈을 흘기게 되면서 등에서 부는 뜨거운 바람이 게릴라의 노래가 아니요, 궁상들의 독촉 소리라는 걸 알았다 번지와 번지 사이 너른 허기의 끈을 당기며 녀석의 얄궂은 미소를 떠올린다 휘파람 소리 힘껏 뜨겁다

 동네의 곳곳을 달리며 대륙의 식사를 반도(半島)식으로 들이미는 그간의 투쟁을 상기하며 모든 혁명은 허기로부터 시작된다는 회심의 정의를 깨닫는다 철가방 속 모든 정의가 지켜지도록 속도를 더할 때, 피자 배달 공수부대의 습격을 받고 넘어졌다 최후를 함께한 짬뽕 동지의 삐져나온 국물 속 남지나해산 조개가 쏘지 마오, 내가 '체'요, 참혹하게

힘껏, 웃는다

  역시 혁명은 매운 붉은색이 틀림없다

이렇게 그렇게 혀

즐거운 날은 남의 살이 제맛이지 살을 부빌 때는 노래가 있어야지 친구들아, 안녕, 안녕, 어서 성경을 펼쳐 우리의 뜨거운 우정에 대해 사랑과 맨살에 대해 노래를 부르자 과일 안주처럼 불량하고 황도처럼 물렁한 살들이 젖어서 들어올 테니

그때 세 마리 미끈한 혀가 문을 열었다

왜 이 아가씨들은 가슴도 없고 입술도 없고 오로지 혀뿐이야? 친구가 잠시 분개했지만 우리는 유흥에 관대했고 한 번쯤은 뿌리까지 축축해 보고 싶었다 혀들은 젖어 있었기에 매력적이었다 몸을 가늘게 펴 봐 갈매기처럼 옆으로 돌아누워 봐 방심한 짐승처럼 이렇게 그렇게 좀 해 봐 우리의 혀뿌리는 스스로를 감지 못한다 다른 침을 가진 세 마리 혀에게 기꺼이 몸을 내맡긴다 우리는 탬버린을 흔들며 서서히 젖었다 혀가 묘한 신음을 내며 의사를 전달했다 우리는 복종했다

넌 참 열정적인 움직임을 가졌구나 키스는 입술 아닌 우

리의 것, 노래를 부르렴 의젓한 라임을 가진 랩이면 더욱 좋겠어 더 빨리 더 세게 그렇게 이렇게 그렇게 더 더 더

  약속된 시간이 의젓하게 지나가고 미끈한 혀들이 굴려주던 우리의 노래가 바닥에 붙어서 발을 뗄 때마다 쓴맛이 났다 우리들은 복종에 익숙하고 유흥에 절었지만 이제는 우리가 헤어져야 할 시간, 축축한 혀에 닿은 모든 살들이 부패해 갔다 방주에서 내리며 친구들아, 성경을 덮고 입을 다물고 길들여진 가축으로 돌아가야지 다음번에 다시 만나요 옷가지를 주섬주섬하는데

  재킷에 껴 넣을 겨드랑이도 팔도 지갑에서 카드를 꺼낼 손목도 서명할 엄지도 모두 없어졌다 우리는 스스로를 말고 있는 이렇고 그러한

  세 마리 혀, 침이 나온다

처음부터 나가요 밴드는 아니었지만

토크쇼엔 팽팽하게 조율된 여섯 갈래 골목이 방청객의 객쩍은 웃음소리에 밟혀 가늘게 떨고 있다 시시한 언어들은 공기 중에 톡, 톡, 흩어지고 사회자의 멘트에 따라 길을 떠나는 밴드의 손가락이 짧다 여태 떨고 있는 아랫도리의 깊은 음이 여가수의 사생활에 맞춰 타이밍을 재고 있다

어이, 거기 기타.

형편없는 음을 뱉는 여가수의 목덜미는 노브라 속 건포도만큼 무방비하다 조율하지 않아도 괜찮았을 밴드의 손목이 위아래로 기타를 매만진다 코베인의 최후를 생각한다 여가수는 스캔들의 주인공이지만 커트만큼은 아니지 너의 스캔들은 그의 암내보다 못하다 건포도의 골목에서 타이밍을 놓친 밴드, 감꽃 냄새 퍼지고,

후우, 다음 주 녹화는 오지 않아도 좋아.

밴드의 연주는 공기 중에 흩어지고 그것은 여가수의 섹시 화보집보다 못하다 저 여자의 가슴을 쭈물, 하면 기막

힌 코드가 쭉쭉 뽑힐 거 같아, 그럼 10대의 스피릿이 풍기는 고요의 냄새가, 화려한 암내가, 우리의 꿈을 카랑카랑 불러올지도 모르겠는데, 검은 밤을 호물호물 날아 여러분의 귀를 호젓이 젖게 할 달빛 연주를 뿌릴 것 같은데,

  야, 나가!

메리메리 바나나 이산기(離散記)

 우리는 열대에서 왔다. 우리의 태생은 낙천과 낭만의 이름, 메리메리. 누가 열대를 슬프다 했나, 우리는 적도가 지나가는 자리에서 성탄마다 뜨거운 파롤을 교환하며 익느라

 슬플 틈도 없이 뜨겁다. 페루의 고지대부터 갈라파고스 제도까지 우리의 인사는 싸구려 성탄 트리처럼 빛난다. 우리는 노란빛을 뿌리며 컨테이너 박스에 담겨 변덕의 대지로 넘어왔다. 못생긴 몽골리언의 리어카에 실렸다. 랑그만이 가득한 새로운 거리를 탐색하느라

 슬플 틈도 없이 황망하다. 이국의 성탄은 바다거북의 산란기처럼 바빠 보인다. 노랗고 파랗고 붉은 열망들이 거리의 침엽수에 매달려 성탄의 원칙과 격률을 전파했다. 검은 비닐에 담겨 노란빛을 잃었고 동포와 헤어지느라

 슬플 틈도 없이 아프다. 잘못 찢긴 껍질에서 열대의 냄새가 향수병을 일으켰다. 성스러운 밤, 몽골리언 남녀는 고향을 찾아 알을 깨고 해수를 찾는 갈라파고스 새끼 거북이 된다. 난 비닐봉지에서 뜨거운 파롤로 내 고향 에콰도르에

성탄 인사를 보내느라

 슬플 틈도 없이 지쳤다. 외양간에 처를 맡기는 목수의 심정으로 남자는 방을 구했다. 키를 꽂고서야 안식을 찾은 성탄의 남녀. 오늘의 랑그에 충실하기 위해 서로의 뜨거운 입술로 메리메리, 나를 벗길 때, 열대의 태양이 인사에 답한다. 적도의 태양 아래 벌거벗은 남녀가 반도의 슬픈 온대를 메어리메어리, 뱉어 내며

 그날, 나를 벗기며 아무런 틈도 없이 그들은
 오늘 하루 마음 놓고 메리메리,

마스크 1

 나는 마스크 X, 이마에 땀띠가 나도록 경기에 열중하는 프로페셔널, 오늘의 상대는 멀쩡한 옷을 잡아 뜯기로 소문난 분노의 헐크호건이다 그는 아름다운 금발이지만 소갈머리는 공허하다 그는 반인반수의 신화적 기술과 근성을 갖고 있다 하나는 헐크요 하나는 호건이다 기술이든 근성이든 신화에 불과하므로 그와 나 사이에 사인은 사뭇 중요하다 헐크와 호건으로 이루어진 이분법적 체계 안에서 그의 연기는 반칙처럼 확고하다 그는 슈퍼스타, 나로 말할 것 같으면 말할 것이 별로 없는 X, 소개도 필요 없는 마스크 X, 반칙왕 마스크 X, 헐크호건을 상대하는 메인 이벤터가 되기까지 나는 수없이 많은 약물을 내 핏줄에 흘려보냈다 혈관을 타고 흐르는 不正과 不定의 비속어들이 내 근육의 전부다 일그러진 얼굴을 마스크 속에 감추고 각본에 따라 반칙을 일삼는다 손가락으로 눈알을 찌른다 철제 의자를 등 뒤에 꽂는다 나의 악행이 극렬해질수록 관객들은 호불호를 판별할 수 없는 환호성을 뱉는다 시원하게 세상에 나온 가래가 되어 점액질의 기분으로 주위를 둘러보면 누가 악역인지 헷갈릴 때가 많다 결국 나는 헐크로 변한 호건의 밑구멍에 깔려 카운터를 맞이할 뿐이다 헷갈리는 사이에 원투 쓰리, 그는 손목을 뱅뱅 돌리며 자신의 귀에 환호를 담고 있다 순간, 내 안에서 모든 약물이 춤을 춘다 곧 사인이 없는 돌발적 상황이 생길 것이다

마스크 2

보통의 초등학교 앞 판촉 행사
사내가 마스크 X*의 인형 탈을 쓴다
이마부터 내려오는 거대한 어둠이 사내의 얼굴을 삼킨다
짱구 목소리를 내며 하니처럼 달리도록 설계된 30대 중반
남자의 얼굴

동심으로 무장한 아이들이 인형 탈 쓴 사내를
걷어차기 시작한다 오물을 던지고 침을 뱉는다
마스크 X 인형 탈은 웃고 있다
얼굴이 일그러진다 숨이 가빠 온다

그가 쓴 인형이 그를 결정한다

그는 그때 집세가 밀린 채로
여자한테 차이고 팬티에 물이 차고 TV를 보았다
아이의 욕심처럼 끝없이 이어지는 곤경
귀두를 문 앞니처럼 사내의 얼굴을 삼켰다

마스크 X를 쓰면 그는 마스크 X

반칙과 이빨에 대한 충성으로 아이들은 얼굴을 감추었다
인형 안은 컴컴하고 그의 얼굴은 점점 없어지고 숨이
카운트를 셌다 원, 투, 쓰리 반칙처럼 일정치 않았다
늘 한꺼번에 움직이는 동심이 그를 밀친다
비열하게 비틀거리며 볼품없이 쓰러지며
인형 탈의 눈구멍 속 사각의 세계
이중의 가면을 쓴 명랑한 얼굴들이
묻는다

아저씬 대체 누구

---

* 가정의 달에 벌어진 특집 경기에서 악역을 맡은 마스크 X는 미친 개처럼 헐크호건의 주요한 부위를 물어뜯었다. 그것은 인간 이하이거나 이상의 행위였으며 그는 헐크호건을 능가하는 스타가 되었다. 아이들은 외쳤다. 헐―.

마스크 3

 마스크 X*의 얼굴은 패션 아이템이 되었다. 모두 같은 얼굴을 하고 거리를 활보한다. 과자 부스러기를 향한 개미들의 행렬처럼 장엄하고 찬란하다. 다리를 꼰 기다란 여자들이 마스크 착용법에 대해 참견한다. 안경 쓴 구조주의자들이 여러 분석을 내놓는다. 여러 전파에서 수많은 마스크 X가 걷잡을 수 없이 새로 태어났다.

 사람들은 얼굴과 표정을 감추며 고민 없이 편안해질 수 있었다. 모두 X의 무리수 속으로 무리하게 빠져들었다. 자판기 앞에서 잠시 잠깐 고민에 빠지던 나는, 누구지? 노래방에 불이 났다. 조선족 도우미가 살고 건설 업체 중역은 죽었다. 모텔에 여중생이 감금됐다. 의사가 몸을 사고 언니가 8만 원에 팔았다. 도우미가 입술에 화상을 입고 여중생은 입천장이 헐었다. 마스크 안에서 그들은 말짱하다.

 악몽을 확인한 자들이 편안하게 거리를 활보한다. 갑작스러운 방송 사고로 인기를 끌었던 최초의 마스크 X는 종적을 감췄다. 소문에는 국가에 대한 거대한 방정식의 정답으로 판명, 괄호 속으로 붙잡혀 갔다고 한다. 사람들은 이제 표정을 지을 필요가 없다. 마스크 X는 불능, 그들은 마스크 안에서 부정을 배운다.

　세계의 공식에는 그들이 들어갈 자리가 없다. 마스크를 벗으면 입이 귀밑까지 찢어져 장엄하고 찬란한 개미를 쏟아 내고 있었다. 무슨 표정을 지을지 몰라 웃고는 있지만.

---

* 손목으로 피를 훔치던 X는 어느새 국민 영웅이 되었다. 마스크 X 고무장갑, 마스크 X 발목양말, 마스크 X 콘돔 등이 유행했다. 뒤집어쓰면 모든 게 해결되었다. 얼굴은 그렇게 사라졌다.

수전노 솔레니오

(당신은 유대인이지요) 예, 유대인입니다. 하나뿐인 신을 믿지요. 저는 분명했습니다. 하나뿐인 신을 믿는 셈이죠. 평자들은 모호한 멜로디를 좋아했습니다. 신은 하나뿐인 대신에 한없이 모호한 것을 그들은 모릅니다. 그들이 제 노래를 좋아하지 않는 단 하나의 이유입니다. 제 노래는 이토록 분명한 여름날이죠. 더워서 눈물이 납니다. 슬퍼서 땀이 납니다. 보고서의 오타처럼 거슬리는 태도를 가졌습니다. 저는 유대인입니다. 덥고 슬픈 건 인종에 차별을 두지 않습니다. (당신은 대부업의 전설이 되었습니다.) 저는 모든 신화의 단순한 노선을 즐기는 편입니다. 그편이 편하다는 편입니다. 클리셰는 다이아몬드처럼 영원해요. 사랑보다 영원합니다. 세상은 진부하고 이미 모호합니다. 우리는 이제 분명하게 말할 필요가 있다는 겁니다. 빚을 갚으라고, 그러지 않으면 죽는다고 (당신이 수전노라고 생각하십니까.) 관대하지 못한 이미지와 파렴치한 스타일을 가졌으니 그럴 수도 있겠죠. 저는 더럽습니다. 가슴을 조금씩 파고들어 간을 잘라 내도 좋습니다. 말장난이거나 노래이거나 저는 세상에서 몇 단어를 빌려 왔고 이제 와 갚지 않으면 손가락이 잘려 나갈 것을 잘 압니다. 그것이 리얼, 이니까요.

■ 작품 해설 ■

악동 라이브 시인의 그래피티

조강석(문학평론가)

1

　서효인의 첫 시집은 개별적 서사를 지닌 인상적인 장면들이 하나의 화면에 오버랩된 시적 그래피티(graffiti)로 기억될 것이다. 이 시집의 벽면에는 악동의 탄생기와 88만원 세대 청년의 '수업 시대', 그리고 목소리를 잃은 루저들의 소망이 공간적으로 다채롭게 펼쳐져 있다. 이 젊은 시인은 추상과 기하학에는 조금도 눈길을 주지 않고 온전히 재료가 일러 주는 방법과 손의 노동만을 믿으며 작업한다. 그러니 어쩌면 그의 시는 사유와 계획보다는 안료의 냄새와 현장의 촉감에 의존하는 시라고 할 수 있을지 모른다. 서효인에게는 보는 이〔見者〕로서의 시인이라는 들뜬 자의식이나

비가시적 세계의 맥박을 귀에 모으는 이의 조심스러움이 없다. 그러나 그의 시에는 공간감과 현장감이 생생하게 살아 있다. 서효인의 시는 항상 라이브다. 그는 사태를 관객의 눈앞에 펼쳐 놓는다.

그러니, 시간과 숙성에 의존하는 시를 감상하는 방법과, 공간과 현장감에 의존하는 시를 감상하는 방법이 어찌 같을 수 있을 것인가? 시간과 숙성에 의존하는 작품은 정서의 사후적 복원과 교감에 크게 의존한다. 그러나, 질료의 물질성과 창작의 비밀을 감상자의 공간에 죄 부려 놓는 작품은 연행(演行)의 진행과 함께 동시적으로 감상이 진행된다. 서효인의 시집에 실린 시들의 면모를 감상하기 위해 저 연행의 과정을 재연해 보는 것이 적잖이 도움이 되리라 기대하는 것은 바로 그 때문이다. 라이브 무대에 함께 참여하는 관객의 입장에서 악동이 그래피티의 벽면을 구성하는 과정을 살펴보자.

2

아마도 이 젊은 시인이 벽면을 구성함에 있어 처음 밑그림에 착수한 지점은 악동의 성장기가 그려진 구역일 것이다.

진짜 거리를 알고 싶냐? 좀 노는 동네 형이 하는 소리를

알아먹지 못했다 주머니 속에서 작은 손이 동전을 매만졌다
일용할 양식처럼 순하고 고운 마지막 코인

　　(……)

닥치고 맞았다 숨거나 피할 수도 없는 거다 유달리 햇살
이 강한 거다 밝고 리얼한 거리에서 Street Fighter들은 이상
하게 연전연패, 이니셜을 남길 동전만 한 공란도 없는 거다
그건 주머니 속의 일용할 양식이 가장 잘 알았다
　　　　―「거리의 싸움꾼 ― 분노 조절법 초급반」에서

　세 시간 전, 곧 이어 아무것도 변하지 않는다면 참 심심하
겠지 밀레니엄이라고 빌음히면 아이돌 그룹처럼 명징한 새
로움이 도래할 것만 같았다 심심한 건 죄악, 턱 아래로 떨어
지는 국물의 무료한 낙하, 아무도 닦아 주지 않을 시간들이
틀어 놓은 TV처럼 지나갔다
　　　　―「밀레니엄 송가 ― 분노 조절법 고급반」에서

바둑에서 행마의 신비 중 하나는 천변만화를 낳는 행마
의 과정 중에서도 첫 착수점이 놓일 곳은 거의 몇 개의 지
점밖에 없다는 것이다. 젊은 시인들의 경우, 첫 시집에 거
의 빠짐없이 담겨 있는 성장기가 바로 바둑에서의 초기 포
석과도 같은 것이라고 한다면 어떨까? 수가 놓일 지점은

많지 않지만 그것이 이후 형세를 좌우한다는 의미에서 말이다. 서효인의 첫 시집에서도 우선적으로 눈에 띄는 것은 역시 성장기이다. 이 시집에 실린 적지 않은 분량의 시들이 여기에 속한다. 인용된 시는 그 일례가 된다. 모든 착수가 그렇듯 이 성장기 역시 이후 펼쳐질 좌표의 싹이라는 점에서 관심을 끌지만 초기 형세는 간명하다. 인용한 시들에는 분노에 대한 정신 승리법이 나타나 있다. 분노는 악동 성장의 에너지다. 이해할 수 없어 분노하는 아이, 이해하되 분노하는 아이, 이해하건 말건 간에 분노하는 악동이 있을 뿐이다. 그러니 분노는 악동의 학교다. 위의 시들에서 좌충우돌하는 소년은 폭력과 권태("심심한 건 죄악")의 주기 안에서 세계에 대해 학습한다. 그렇게 분노를 익힌 '파르티잔 소년'(「소년 파르티잔 행동 지침」)이 심드렁하게 내뱉는 다음과 같은 말은 무척 흥미롭다.

 사납게도 나는 계속 컸다

          ―「슬램, 성장기」에서

 성장기의 좌충우돌을 다루고 있는 여러 시들 중에서 가장 눈에 띄는 구절은 바로 이 구절이다. 그리고 이 구절 중에서도 묘수는 바로 "사납게도"라는 부사의 사용이다. 이 부사가 "컸다"라는 말에 걸리면 이 구절은 한 소년이 분노와 함께 성장했다고 고하는 앞선 시들의 의미를 고스란히

넘겨받는다. 한편, 이 부사가 문장 전체에 걸리는 것이라면 이 시행의 효과는 더욱 커진다. 왜냐하면, 바로 이 표현으로 말미암아 이 구절은 성장의 불가항력성에 대한 인지가 안겨 주는 원인 모를 슬픔까지 포괄하게 되기 때문이다. 어쩌면 모든 소년의 분노는 성장의 불가항력성에 대한 인지와 더불어 한 번 소진되는지도 모른다. 분노에는 비밀이 없지만 불가항력에는 비밀이 있다. 자신을 폭발시키는 (외부적) 힘에 대한 대응은 즉각적일 수 있지만 정체를 드러내지 않고 자신을 떠미는 것에 대해서는 백전백패다. 배후와 원인들의 존재를 인지하는 순간 사춘기는 끝이 난다. 성년은 직접성에 대한 간접성의 승리와 더불어 온다. 저 "사납게도"라는 말이 이 그래피티의 성장기 부분에 새겨진 풍크툼(punctum)으로 우리의 눈을 찔러 오는 것은 바로 이 때문이다.

  같은 맥락에서 이 청년 라이브 시인은 분노의 시절에 대한 기억의 화폭에 이런 풍크툼 하나를 또 새겨 놓는다.

    백 원만 하던 너, 아직도 여기 있구나
    모교 앞, 문방구는 이름이 바뀌고
    주인 여자도 졸업식마냥 늙었는데
    오래된 오락기 위에 먼지가 되어 앉았구나
    백 원만 하던 너, 아직도 웃는구나
    장마처럼 침을 흘리며 먼지처럼 닦이지 않으며

너를 보는 모교 앞

—「광기의 재개발」에서

저 유명한 『호밀밭의 파수꾼』에서 소년 방랑자 홀든이 자신에게 걸린 외로움과 분노의 주문에 대해 결빙의 실마리를 찾기 시작하는 것은 세상의 몰이해를 이해하지 못하던 소년의 눈에도 사태가 슬퍼지는 지점이 엿보이면서부터이다. 저 유명한 그네 장면은 그런 맥락에서 읽힐 수 있다. 한 소년의 성장기에서, 자신의 삶과 더불어 타인의 삶이 있다는 것을 발견하게 되는 과정을 제시하는 방법 중 가장 우월한 것일 그네 장면을 상기해 보자. 여기서, 소년을 몰아세우며 그렇게 젠체하던 삶도 제 안에 쉬 해독되지 않는 슬픔들이 내장되어 있었다는 것을 간파당하자 계면쩍은 얼굴을 마침내 드러내 보이게 되는 것이다. 아마도 서효인의 시집에서 이와 같은 계기를 찾으라면 바로 인용된 시에 제시된, 슬픔의 발견 장면일 것이다. "백 원만 하던 너"가 다시 눈에 들어온다는 것은 소년이 청년이 되었다는 사실에 대한 진술이다. 그러니, 항상 놀림감이던 그 아이에게 "너, 아직도 여기 있구나" 하고 건네는 말은 사실 '너'에게 건네는 것이라기보다는 자신에게 건네는 말이다. 그것은 '너'의 재발견에서 오는 반성이 아니라 시절의 재발견에서 오는 깨달음이다. 조롱의 대상이 되었던 아이를 원인 모를 슬픔의 한 부분으로 발견하는 것, 그것이 성년(成年)의 조건인 것이다.

3

 아마도, 성장기 다음으로 이 화폭에서 쉽게 눈에 띄는 것은 온갖 인간 군상의 행동과 그 행동의 전모, 즉 액션(action)을 그린 부분들일 것이다. 본래 액션이라는 용어는 인간의 행위뿐만 아니라 그 행위로부터 비롯되는 사건의 전개 추이까지 아우르는 개념인데 바로 이런 의미에서의 인간 군상들의 액션이 서효인의 그래피티 곳곳에 다양하게 그려져 있다. 월리의 숨은 그림 찾기에 기울이는 노력 반만 투자해도 우리는 다음과 같은 인물들을 서효인의 벽화 이곳저곳에서 쉽게 발견할 수 있을 것이다. 그림을 훑어보자.

 리모델링 공사 현장에서 사고를 당한 노동자(「잠자는 감자」), 대형 마트의 '공격' 앞에서 마치 슈퍼마리오 게임의 주인공처럼 우스꽝스러워진 마리슈퍼의 주인장(「슈퍼 마氏」), 교통사고를 당해 거리에 널브러진 다방 레지(「한없이 시끄러운 쟁반」), 폐업 직전의 회사에 다니면서 불안과 피로의 일상을 사는 회사원(「그리고 다시 아침」), 모두의 무관심 속에서 죽음을 맞고 사체가 오래 방치된 노점상 할머니(「냄새나는 사람」), 요실금을 앓으며 기우(杞憂)에 시달리는 중년 사내(「걱정하는 사람」), 장기 매매 광고를 보고 지친 자신의 몸에 내장된 상품을 계산하는 사내(「내려가는 사람」), 마치 '천둥소리에 하품하는 여자'처럼 씩씩하고 태연하게 장어를 잡는 아낙(「부지런한 생물」), 그리고 캐디의 엉덩이를 그루브하게 만져 대며 골프를 치는 사장님(「착하고 즐거운 코스」)······.

그러니, 서효인의 그래피티에서 성장기 다음으로 눈에 띄는 것은 바로 이 다양한 인간 군상들의 액션이 아닐 수 없다. 그리고 아마도 다양한 사람들의 삶을 다룬 시들 중에서도 가장 짙은 색이 사용된 부분은 이런 장면들일 것이다.

> 당신은 이 나라의 수도에 대한
> 유력한 격언을 몰라
> 당신의 눈을 감은 사이에, 이미
> 코가 없잖아 블랑코
> 코가 쑥 빠져 낙담하던 당신은 마른세수를 하다
> 깨닫는다 걸리는 게 없이 평평한 안면
>
> (······)
> 코가 없는 당신은 코가 있는 자의 사회로부터
> 매 맞은 허벅지처럼 시퍼렇게 구별된다
> 피노키오처럼 탕감되길 원하겠지만
> 당신은 믿을 만한 사람이 아니며 그저 블랑코,
> 코가 없을 만큼이나 불량한 족속
> ─「블랑코의 잃어버린 코를 찾아서」에서

형편없는 음을 뱉는 여가수의 목덜미는 노브라 속 건포도만큼 무방비하다 조율하지 않아도 괜찮았을 밴드의 손목이 위아래로 기타를 매만진다 코베인의 최후를 생각한다 여가수는 스캔들의 주인공이지만 커트만큼은 아니지 너의 스캔들은 그의 암내보다 못하다 건포도의 골목에서 타이밍을 놓친 밴드, 감꽃 냄새 퍼지고,

  후우, 다음 주 녹화는 오지 않아도 좋아.

  (……)

  야, 나가!
    ─「처음부터 나기요 밴드는 아니었지만」에서

  다리에 힘이 풀렸군 무차별한 꿈은 링 코너에 몰려 마우스피스까지 뱉은 채 그로기, 카운트에 밀려 일어선 무릎은 가늘게 떨리고 고개를 들 힘도 없는 자네의 희망은 그로기, 박스에 갇힌 자네는 복싱의 신이 던진 미끼를 문 복어, 독이 빠진 패배자, 어디를 그렇게 보는 거야 이 얼빠진 친구야

  나는 웃었어요 씨익,
  헐떡거리며 마우스피스를 뱉은 내 벌과 나비가
  무하마드의 잘난 귓불에 엘도라도처럼 붙어 반짝,

복싱 말고 다른, 좋은 생각 하나가 떠올랐기 때문이지요
—「웃어 봐, 프레이저」에서

인간 군상들의 면면 가운데 단연 눈에 띄는 것은 루저(loser)들의 모습이다. 공장의 화학물질에 코를 잃은 외국인 노동자 블랑코, 커트 코베인의 음악을 꿈꾸었지만 결국은 퇴락한 '나가요 밴드', 그리고 상대의 공격에 무방비 상태로 놓인 복서 등이 시선을 끈다. 그런데, '나가요 밴드'의 경우에 단적으로 드러나 있지만 이들이 루저가 된 까닭은 일정한 삶의 박자를 놓쳤기 때문이다. 청년에게 감지된 것은 분노와 슬픔마저 규율하는 여일한 리듬과 박자의 세계이다.

모든 도로에 도도한 박자가 흘러요 (……) 일 년 전이나 일 년 후나 내비게이션의 맑은 목소리처럼 똑같은 표정을 하고 있거든요
—「박치」에서

그러니까, 서효인이 보기에 루저들은 모두 박치들이다. 서효인이 이 시집에서 보여 주는 통찰 중 하나는 바로 힘의 관계를 문화적 규율 관계의 양상으로 꿰뚫어보는 것이다. 사태의 본질을 희석시킬 우려에도 불구하고 사회적 지배와 피지배의 관계를 문화적 수월성의 관계로 고쳐 읽는 독법은 나름의 장점을 지닌다. 서효인이 방법론 삼은 그래피티란 무엇인가? 그것은 재현이면서 동시에 교란이다. 사회가 성원들로 하여금 여일한 박자로 보조를 맞추기를 '온정적으로' '권유'할 때, 차갑게(쿨하게?) 저 사회의 박자 혹은 행동의 규약(code of conduct)을 거절하는 태도의 소산, 그리하여 기성의 "도도한 박자"에 대해서 스스로 어깃장을 놓는 박치를 자처하는 이의 액션, 그것이야말로 공공장소에 그려지는 그래피티가 구현하는 바의 핵심이 아니고 무엇이겠는가? 그래서일까? 「웃어 봐, 프레이저」의 마지막 부분에서 루저인 복서는 반전을 준비한다. 루저를 향하여 "독이 빠진 패배자"라고 조소를 보내는 이의 '귓불'에 고정된 시선은 우리로 하여금 '사고'를 예감하게 한다. 우리가 이때 예감하는 것은 규약과 룰을 넘어선 어떤 행동이다. 틀림없이 경악을 낳을 이 행동은 공인된 행동 규약에 대한 배신이지만 분리와 위계를 명령하는 '공공의 질서'라는 상징적 기표에서 '공(公)'의 모자를 벗기는 일에 비견된다. 이 위반이 지시하는 바는 기성 코드의 해체이다. 규약은 부과되는 것이 아니라 그려지는 것이라는 것이 바로 그래피티의 정신이다. 그러니 아마도 서효인의 벽면에 드디어 반칙왕 '마스크 X'가 그려지기 시작하는 것도 바로 이 시점부터일 게다.

4

나는 마스크 X, 이마에 땀띠가 나도록 경기에 열중하는 프로페셔널, 오늘의 상대는 멀쩡한 옷을 잡아 뜯기로 소문난 분노의 헐크호건이다 그는 아름다운 금발이지만 소갈머리는 공허하다 그는 반인반수의 신화적 기술과 근성을 갖고 있다 하나는 헐크요 하나는 호건이다 기술이든 근성이든 신화에 불과하므로 그와 나 사이에 사인은 사뭇 중요하다 헐크와 호건으로 이루어진 이분법적 체계 안에서 그의 연기는 반칙처럼 확고하다 그는 슈퍼스타, 나로 말할 것 같으면 말할 것이 별로 없는 X, 소개도 필요 없는 마스크 X, 반칙왕 마스크 X, (……) 손가락으로 눈알을 찌른다 철제 의자를 등 뒤에 꽂는다 나의 악행이 극렬해질수록 관객들은 호불호를 판별할 수 없는 환호성을 뱉는다 (……) 결국 나는 헐크로 변한 호건의 밑구멍에 깔려 카운터를 맞이할 뿐이다 헷갈리는 사이에 원투 쓰리, 그는 손목을 뱅뱅 돌리며 자신의 귀에 환호를 담고 있다 순간, 내 안에서 모든 약물이 춤을 춘다 곧 사인이 없는 돌발적 상황이 생길 것이다

—「마스크 1」에서

해외 토픽에 의하면, 공공장소에서 마스크를 착용하는 것을 그 사회의 행동 규약을 어기는 행위로 간주하겠다고 엄포를 놓는 사회도 있다고 한다. 그랬거나 저랬거나, 마스

크는 종종 위반의 기표로 작동한다. 서효인의 첫 시집을 그래피티로 읽는 우리의 독법에서 아마도 궁극적으로 우리의 눈길을 잡아끄는 부분은 마스크 X가 등장하는 장면들일 것이다. 이미 우리는 이 벽면에 한 소년의 성장기와 한 사회의 루저들의 이야기가 함께 그려져 있는 것을 확인했다. 그리고 어렴풋하게 반격을 예감했다. 이 그래피티의 대미는 마스크 X의 몫으로 남겨진다.

시를 보라. 헐크호건은 체계의 상징이다. 그는 미리 정해진 각본에 의해 언제나 승자의 위치를 점한다. 뿐만 아니라 아름다운 금발을 지녔다. 아름다운 승자를 대체 누가 탓할 것인가?

그러나, 서효인은 이 아름다운 승자의 실체를 체계의 대리인으로 간파한다. "그의 연기는 반칙처럼 확고하다"라는 표현이 적시하듯 그는 항상 승리를 아름답게 연기할 뿐이다. 그것이 이 사회의 룰이 그에게 부여한 역할이기 때문이다. 마스크 X는 규약 안에서 위법적 역할을 부여받는다. 그는 이기지 않는다는 한도 내에서 룰을 어기는데, 바로 이것이 승자의 아름다움을 돋보이게 만드는 비결이다. 패자의 추함은 아름다운 승자의 비결이자 꿈이다. 경기의 룰, 사회의 행동 코드를 근본적으로 뒤흔들지 않는 선에서의 반칙은 승자의 장식물이다. 그러니 이런 종류의 위반은 여일한 박자에 의해 조율되는 악(惡)이다. 흥미로운 사태는 여기서 발생한다. 앞서 우리는 승자의 귓불을 응시하는 "독이 빠진 패배자"의 독한 시선을 보았다. 그리고 예감된 사태는 여지없이 발생한다. "사인이 없는 돌발적 상황"의 발발이야말로 규약(code) 위반, 상징적 기호(sign)의 부정이 아니고 무엇이겠는가? 참으로 외설적인 현장이다. 왜냐하면 바로 이 파열의 순간이야말로 「트루먼 쇼」의 연출자가 화들짝 놀라 이 세계에 육성을 드러내는 노골적 순간이 아닐 수 없기 때문이다. 마스크 X가 끝을 볼 것인가? 설계자의 목소리가 이 외설을 수습할 것인가?

    마스크 X의 얼굴은 패션 아이템이 되었다. 모두 같은 얼굴을 하고 거리를 활보한다. 과자 부스러기를 향한 개미들의 행렬처럼 장엄하고 찬란하다. 다리를 꼰 기다란 여자들이 마스크 착용법에 대해 참견한다. 안경 쓴 구조주의자들이 여러 분석을 내놓는다. 여러 전파에서 수많은 마스크 X가 걷잡을 수 없이 새로 태어났다.

    (……)

    악몽을 확인한 자들이 편안하게 거리를 활보한다. 갑작스러운 방송 사고로 인기를 끌었던 최초의 마스크 X는 종적을 감췄다. 소문에는 국가에 대한 거대한 방정식의 정답으로 판명, 괄호 속으로 붙잡혀 갔다고 한다. 사람들은 이제 표정을 지을 필요가 없다. 마스크 X는 불능, 그들은 마스크 안에서 부정을 배운다.
─「마스크 3」에서

　서효인이 장식하는 벽면에 출현한 마스크 X의 가면은 양가적이다. 그것은 한편으로는 기성의 행동 규약을 위반하며 상징적 질서에 파열을 내는 기표로 기능하면서, 자명한 것처럼 보이는 세계의 규약들 배후에 그 규약을 정초한 목소리가 있었다는 사실을 폭로하는 역할을 수행한다. 그런데, 인용한 「마스크 3」에 나타나 있듯이 그것은 또 다른 한편으로는 익명성에 의해 위반을 풍문으로, 풍문을 유행으로, 그리하여 끝내는 일탈을 습관으로 재규약화하는 기능마저도 수행하는 기표이다. 마스크 X는 위반하고 놀래키고 유행하고 분석되고 순치된다. 그는, 미리 설계된 질서를 기안한 이의 민낯을 드러내 보이는 수배자였다가 여차하면 불온을 불능에 인도하는 집행자가 된다. 그러니까, 마스크 X는 위반과 순치의 경계에 서 있다고 할 수 있다. 서효인은 「마스크 1」과 「마스크 3」의 경계에서 묻는다. '이대로 계속 진행하시겠습니까?' 당신은 '예스'를 택하겠는가, '노'를 택하겠는가?

　그래피티란 본래 그런 것이다. 그것은 애초 공공장소에 기입된 낙서로부터 출발해서 일각에서는 또 다른 제도를 이루었다. 그것은 공공의 영역에 남겨진 스크래치로부터 시작했지만 일부는 여전히 스크래치로 남았다. 그것은 공공의 행동 규약을 덧내는 흠집으로 기능했지만 큰 흠집은 때로 경관이 되었다. 그러니, 마스크 X의 운명은 정확히 그래피티의 운명이다. 그리고…… 서효인의 첫 시집 역시 묘하게도 이 경계를 살고 있다.

 분노가 슬픔을 들여다보면서 한 소년의 성장기는 시작되었다. 루저들의 삶을 들여다보고 그들의 삶에 대해 추체험하는 힘이 소년을 자라게 했다. 마침내 타인의 고통에 공감하는 힘과 똑같은 종류의 힘이 청년의 분노를 붓끝으로 밀어 올렸다. 안료 냄새 가득한 그의 그래피티에 숙성의 자태는 없지만 생기가 가득하다. 아무렴, 서효인은 라이브로 그래피티를 그리는 시인이다. 힘내라, 마스크 X!

서효인

1981년 광주에서 태어났다.
전남대 국문과를 졸업하고 동 대학원에서 석사 학위를 받았다.
명지대 문예창작과 박사 과정에 재학 중이다.
2006년 《시인세계》로 등단했으며 현재 '작란(作亂)' 동인으로 활동 중이다.

소년 파르티잔 행동 지침

1판 1쇄 펴냄 · 2010년 5월 31일
1판 3쇄 펴냄 · 2016년 11월 8일

지은이 · 서효인
발행인 · 박근섭, 박상준
펴낸곳 · (주)민음사

출판 등록 1966. 5. 19. 제16-490호
서울특별시 강남구 도산대로1길 62(신사동)
강남출판문화센터 5층 (우편번호 06027)
대표전화 515-2000 / 팩시밀리 515-2007
www.minumsa.com

ⓒ 서효인, 2010. Printed in Seoul, Korea
ISBN 978-89-374-0783-3 (04810)
ISBN 978-89-374-0802-1 (세트)